OFFICIAL ACCOUNTS THINKING

公众号思维

黄永轩 微果酱团队◎著

南方出版传媒
广东经济出版社
·广州·

图书在版编目（CIP）数据

公众号思维 / 黄永轩，微果酱团队著. —广州：广东经济出版社，2017.1
ISBN 978－7－5454－5215－0

Ⅰ. ①公… Ⅱ. ①黄… ②微… Ⅲ. ①网络营销 Ⅳ. ①F713.365.2

中国版本图书馆 CIP 数据核字（2016）第 311283 号

出 版 人：姚丹林
责任编辑：王成刚
责任技编：许伟斌
封面设计：厶 介

公众号思维
GONG ZHONG HAO SI WEI
黄永轩，微果酱团队 著

出版发行	广东经济出版社（广州市环市东路水荫路 11 号 11－12 楼）
经销	全国新华书店
印刷	广州市岭美彩印有限公司 （广州市荔湾区花地大道南海南工商贸易区 A 幢）
开本	889 毫米×1194 毫米 1/32
印张	8.75 1 插页
字数	170 000 字
版次	2017 年 1 月第 1 版
印次	2017 年 1 月第 1 次
印数	1～8 000
书号	ISBN 978－7－5454－5215－0
定价	45.00 元

如发现印装质量问题，影响阅读，请与承印厂联系调换。
发行部地址：广州市环市东路水荫路 11 号 11 楼
电话：（020）38306055 37601950 邮政编码：510075
邮购地址：广州市环市东路水荫路 11 号 11 楼
电话：（020）37601950 营销网址：**http://www.gebook.com**
广东经济出版社新浪官方微博：**http://e.weibo.com/gebook**
广东经济出版社常年法律顾问：何剑桥律师

推荐语

【微果酱】团队是个专注于新媒体的团队，这个团队出的书，必然实在。

——【豪哥说车】创始人猫老大

“再小的个体，也有自己的品牌”，这是微信公众号创办的初心，四年过去了，已经有无数品牌在微信公众号里诞生并崛起，【十点读书】有幸成为其中之一。回望这四年的新媒体创业之路，步步维艰却收获颇丰，特别想向微信致敬，向微信致谢。

——【十点读书】创始人林少

认识老黄和【微果酱】是一次机缘巧合，这个机缘却为正处于迷茫中的我打开了一扇窗，也给公司整体战略规划带来了启迪。希望老黄这本新书中基于实战的理论和经验，能指导更多走在新媒体路上的人，让他们不再孤单、不再迷茫。

——【长沙帮】创始人罗三狗

微信已经成为一个独立的生态系统，带来了万众创业的全新机会，而《公众号思维》一书是【微果酱】团队在陪伴微信生态发展过程中总结大量实战经验汇聚出来的精华，是难得的精品“干货”。

——【玩车教授】创始人姚俊峰

老黄是从传统媒体转型非常成功的一位前辈，在自媒体领域中从理解和执行上都是超前的。这是一本公众号从业者不能错过的好书，对于公众号的发展和下一个爆发点有独到的见解。无论是处于起步阶段的创业者，或者是想在行业布局的投资者都值得一读。

——【化妆师 MK－雷韵祺】创始人雷韵祺

这不是老黄第一次出书，但这是他最重视的一本书。我特别欣赏老黄的一点，和很多这个圈子里闷声发财的人不一样，老黄愿意把他赚钱的经验和对行业的思考分享给大家，他一直站在一个愿意为整个微信生态做出努力的高度。读完《公众号思维》这本书，你就知道我为什么敬仰他了。

——【不贱不散】创始人邴伟

自媒体创业者必看之“葵花宝典”，樊不凡强力推荐。

——【任真天】创始人樊不凡

目　录

导言：公众平台的价值观

2016 年 1 月 11 日，广州琶洲，微信公开课年度大会，在没有任何主持人暖场的情况下，张小龙毫无预兆地走上舞台，一句“大家早上好，我是微信的张小龙”的开场白，引发全场数千观众热烈的掌声和激动的喝彩声。

这是低调得不能再低调的“微信之父”迄今唯一一次的公开演讲。

演讲阐述了微信的四个核心价值观：

（1）用户价值为依归；

（2）让创造发挥价值；

（3）好的产品应该是用完即走的；

（4）商业化存在于无形之中。

50 分钟的演讲内容占比最大的是关于公众平台，特别是第二个核心价值观——让创造发挥价值，全部以公众平台为主题。

公众平台到底想要变成什么？公众平台从她诞生的第一天起，目标是要让真正有价值的东西发挥出它的价值。

什么是有价值的东西？在非互联网的时代，有价值的人或者是一个团队，即使做了一个很有价值的事情，也很难去触达用户，但是这样的情况不应该出现在目前这个时代，所以大家有一个很强的愿望，既然有非常多的用户，我们就应该提供一个平台，让所有有才能的人能利用这个平台去触达他的用户，这个有才能的人不是说只是互联网行业的人，而应该是各行各业的人。

——张小龙

要做到这样的平台，起码要具备以下三点：

（1）足够强大的技术底层和以人为本的产品体验。技术和产品不对任何人产生压力和不习惯，形成数字社会的基础设施，如同现实社会的水电等基础设施，你不需要理解水电工程的原理，但可以毫无障碍地使用。

（2）足够公平的平台和机制。平台和机制是非计划性的，是通过市场看不见的手来自我调节的。在法律基础和平台基本规则之上，平台不干预任何行为，足够平等，这样平台才能成长为一个自“生”的生态：平台如天地，“天地无言，万物生长”。万物自给自足、自然自在、自我调节、自我竞争、自我成长。

（3）入驻成本和维护成本足够低廉。一方面，即使入驻者不适应平台，最终离开，也不会造成损失；另一方面，适应下来的人，可以迅速解决温饱，解决生存问题。在后续发展中，还需要保持一个低廉的维护成本。

而迄今为止，只有微信公众平台做到了以下三点：

第一，从公众号诞生之日起，各行各业的人涌入平台创业，而且创业者以文科生为主，这是互联网有史以来从未出现过的现象。以往的互联网创业者，绝大多数是理科生，文科生难以逾越技术和产品开发这两道天堑。微信公众号抹去了这两个障碍，让技术和产品体验化于无形之中。文科生们在上面创作，如同用纸和笔写字，用电脑键盘打字那样信手拈来。

第二，如果各行各业的人不能自由地进入互联网平台创业，平台就只能是少部分人（以理科生为主）的特许乐园，所谓“互联网思维”就变成一面幌子或遮羞布，无法被大众理解和运用。在一个生态型的平台里，平台与从业者的关系，是休戚与共、一荣俱荣、一损俱损的：平台成就了从业者，从业者也成就了平台。“互联网思维”饱受诟病的原因，是因为它仅从互联网行业的角度出发，试图改造各行各业，而不是双向互补的思维模式。

而微信公众平台的运营机制，是建造系统后，提供平等的运营机制，不干预平台从业者，让它们自我成长，自成生态。过去四年来，各行各业进入公众平台后形成繁荣的媒体生态，甚至出乎张小龙意料。

公众平台现在看起来确实更像一个媒体化的平台，对于自媒体、一些写作的或者一些传播内容的人特别有效。

但是我们的公众平台，我们的出发点不是仅仅针对媒体的，我自己也是很多年的程序员，我们觉得2016年我们应该做一些事情，面向开发的团队。

不干预从业者的行为，根据从业者在平台上自发形成的生态去做平台的调整和优化。平台成就了从业者，从业者也成就了平台，这样物质属性的平台才能进化为生机勃勃的生态。

第三，在微信公众号创业，你的入驻费用，只要300元的认证费（第三方认证公司收取），你就拥有了一切的媒体工具：图文、视频、漫画、音频……入驻创业后，你的技术维护成本为零，你不需要做什么产品优化，不需要支付带宽费用，数据后台免费，所有工具，包括第三方工具，基本都是免费的；在获取用户方面，只要你的内容足够好，就可以免费获得平台巨大的流量和用户量，这方面的例子不胜枚举：【咪蒙】【黎贝卡的异想世界】【石榴婆报告】【papi】【我走路带风】【新世相】【毒舌电影】……

如果你需要做推广投入，时至今日，微信公众号获取用户的成本，根据不同行业类型，不同的时间段，还有机会获得2

元以下的低廉获取用户成本，与两年前基本持平。这一点出乎我们意料。2014 年下半年，我们判断微信公众号用户获取成本会逐年攀升，最后高不可攀，一如百度、淘宝等的发展轨迹，可实际情况并非如此。熟悉商业运营的朋友，无论是互联网商业还是传统商业，应该清楚，2 元的单客获取成本是非常便宜的，且这种便宜，还是对应于微信公众平台已经是一个具备相当强大的商业变现能力的情况，更显难得。

究其原因，源自于微信所秉承的生态理念：微信是数字社会的基础设施，建立其上的是庞大的复杂的人口生态，横征暴敛，只能导致生态的崩塌；一个连公众号主体认证费这样唾手可得的利润都不愿意赚取的平台，当然不会去攫取影响生态发展繁荣的利润。仅从这点出发，微信便足够伟大，足够值得每一位创业者去感谢和尊重。

唯此三点，微信才能在短短几年内，孕育出一个生生不息的生态，生机勃勃地发展下去。

第一章
形态篇

第一节
公众号的定义和名称厘清

2012年8月，微信公众平台面世，曾用名“官号平台”和“媒体平台”，目前有三种形态：订阅号、服务号、企业号。

在2016年1月11日的演讲中①，张小龙说道：

> 我们的本意并不是要做成一个只是传播内容的平台，我们一直说我们是要做一个提供服务的平台，所以后面我们甚至专门拆分出一个服务号来，但是服务号还是没有达到我们的要求，说服务号可以在里面提供服务，但所有的服务号还是基于一个诉求，这不是我们想看到的。现在我们将开发一个新的形态，叫作应用号。

确实，微信公众平台的本意不是做媒体平台，然而4年的时间发展下来，公众平台上面千万个订阅号却自顾自地蓬勃发展，自我生长为一个自媒体生态，哪怕微信官方把订阅号折叠进二

---

① 腾讯科技．微信张小龙首次公开演讲全文［DB/OL］．http://tech. qq. com/a/20160111/034681. htm.

级用户界面去做限制，把服务号提升到一级用户界面去做扶持，也阻挡不了订阅号繁荣兴盛，服务号寂寞零落的局面。目前，大家挂在嘴边的“公众号”，其实主要指的是订阅号；广告主投公众号广告，也几乎全部投放在订阅号上。

包含了订阅号、服务号和企业号的公众号名称非常有歧义，这导致了公众对公众号的理解混乱。曾有人在公开场合言之凿凿地说：公众号有三种，一种叫公众号，一种叫订阅号，一种叫服务号。也有初创者经常问起：公众号，我是该做订阅号，还是服务号，还是该一起做呢？

微信公众平台发展到今天，亟须在公众号的定义和名称上做一次厘清。以笔者拙见，公众号的定义应该是媒体专属属性，即指目前的订阅号，它的学名应该为微信公众平台媒体系统，社会称谓应为公众号；而企业号应该称为微信公众平台企业管理系统；服务号应该称为微信公众平台企业服务系统；应用号应该称为微信公众平台应用系统。

2016 年 9 月 21 日，微信应用号终于第一次内邀测试，不过名字不是应用号，而是小程序。据说是苹果 App Store 不同意腾讯使用“应用号”这一名称。在笔者看来，这反而是好事一桩，应用号由此才获得了一个非常好听的名称：小程序。

我们尝试厘清如下所示：

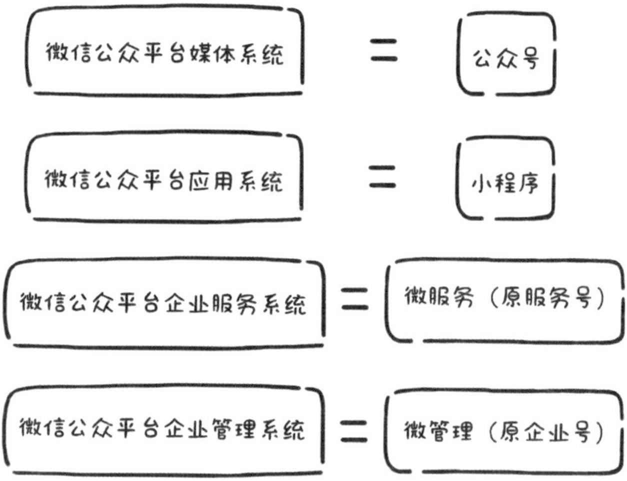

第二节
微信公众号的基本生态：去中心化、碎片化

打开微信官网，一句标语便出现在最佳视角：“微信，是一个生活方式”。

从一款即时通信工具，发展为一个国民应用，再成长为生活方式，最终成为数字社会的基础设施，这是微信五年来走过的路。

今天的微信，已经成为中国人的生活方式，它为8亿多人建

造了稳定舒适的数字社会基础设施，而8亿多鲜活的个体，用各自的一个生活方式，共同构建了微信广袤无涯、丰富多彩、生生不息的生活和工作的世界。

关于微信，张小龙一直强调：“我们是希望建造一个森林，而不是建造一个自己的宫殿。”所有的生物，已知的、未知的，都能够在森林里自由生长出来，而不是由微信去建造出来，这样才能成为一个生机勃勃、永续发展的生态系统。

整个微信生活，既是由无数的个体生活方式自由生长和构成的，又是一个去中心化、碎片化的生态系统。

结合中国道家思想，能更好地去理解微信的生态系统：“是以圣人处无为之事，行不言之教，万物作焉而不辞，生而不有，为而不恃，功成而弗居，夫唯弗居，是以不去”。道家的“无为而

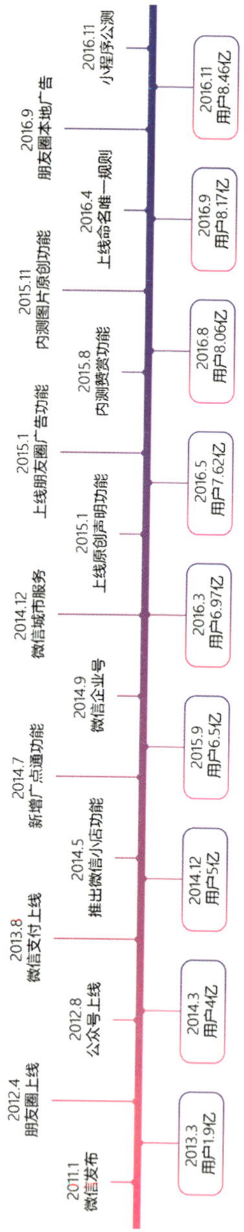

微信功能推出和用户增长匹配的图表

治”，不是什么都不为，而是有为而不去占有、把持。天地生万物，让万物自由生长，然而天地无言，并不认为是自己创造了万物。不占有、不把持，这样万物才能自由生长、繁茂生息、生机勃勃。即便如此，天地也不认为是自己的功劳，因为不居功，万物才能生生不息，生态能永续发展下去。

这就是“去中心化”的哲学理念所在，由此才能诞生出平等公正、不干预的平台运营规则，由此才能诞生出碎片化的物种多样性的繁荣生态。

在微信公众平台，除非你触犯了平台原则，如散发谣言、传播色情、抄袭侵权、售卖假货、非法传销，否则你基本是感觉不到官方的存在的；在微信公众平台，大家都处在一个平等公正的机制里，微信不会因为你做得特别优秀而去褒奖你，也不会因为你做得特别糟糕而去批判你；不会因为你出身庙堂而优待你，也不会因为你来自草根而冷落你。这里举一个例子，来自公众号【书单】的100000+爆文《整个中国都被他撩了，你却不知道他是谁》：

> 三个月前，书单君接到一个电话。某政府机关的一位处长急吼吼地说：“我们的公众号前几天发了篇文章，小编昏了头抄袭了50个字，结果文章当天就被微信删了，删掉也就算了，现在打开还能看到文章因为涉嫌抄袭被举报而删除。大领导觉得特别没有面子，堂堂省部级公众号怎么能有涉嫌抄袭的文章呢？指示我们要么让微信恢复，要么直接把这文章从后台去掉，微信公关部已经把我拒了，你

一直做新媒体，认识张小龙吗，能找他打招呼吗？”

书单君当然解决不了，处长又托了一些所谓“硬关系”，结果依然无效。

“打招呼”，这个中国人的“走后门”习惯，从前媒体里屡用不爽的关系学，在微信失去了一切魔力。

在一个去中心化的运营体制里，只要你违反了生态的基本法则，你是找不到解决办法的，因为你找不到那个解决问题的“中心”，你要么遵守游戏规则，接受处罚，要么出局，别无他途。

如同微信生态的繁荣兴旺，最终成长为生活方式一样，在微信公众平台去中心化的机制下，千万个公众号自由生长，最

终形成了碎片化、多样性分布、生生不息的媒体生态。

公众号从业者问得最多的问题是：公众号生命周期有多长？公众号拟从业者问得最多的问题是：现在做公众号还来不来得及？

笔者的回答是：只要去中心化的机制和碎片化的形态一直存在，那么这就是一个生生不息的生态系统，个体可能会在优胜劣汰中死去，生态却永存；而任何个体在任何时间都可以在生态中获得发展机会，所以，没有什么来不来得及的问题。

本节建议配套阅读图书：《道德经》《失控》

第三节 微信公众号的基本属性：内容＋连接

微信公众号具有媒体属性，负责内容的生产。然而内容的生产，仅仅是微信公众号作为新型媒体的一半属性。

所有的媒体，都是负责内容生产的，包括传统媒体（电视、电台、报纸、杂志）和互联网媒体（网站、APP）。媒体的最底层价值是内容，而内容来自生活，表现在生活的方方面面：政治、经济、文化、民生、娱乐……今天微信公众号的内容生产，与传统的内容生产方式并没有本质上的区别：一样的编辑团队，一样的选题审稿制度，一样的图文、视频制作流程。

传统媒体基本是纯内容属性，主要功能就是内容的展示，虽然有一定的连接属性，但整体来说连接互动性非常弱；互联网媒体的优势是连接互动，特别是移动端的 APP 媒体，但互联网媒体的劣势在内容的展示上，必须一级一级地页面地往下沉淀；公众号媒体则可以做到“内容 + 连接”的并重和均衡。

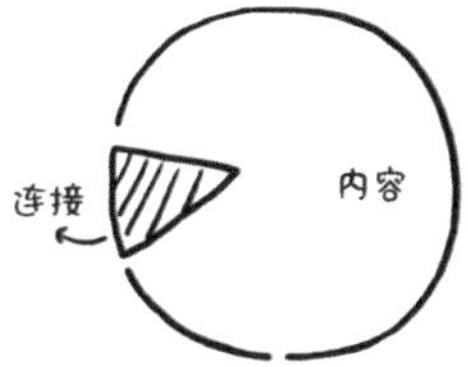

传统媒体

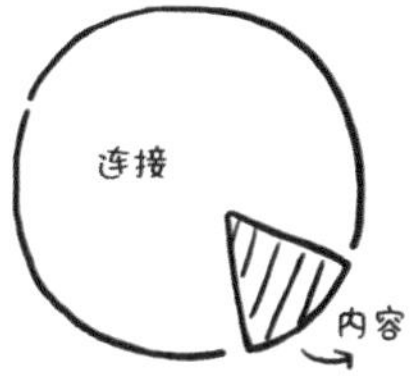

互联网媒体

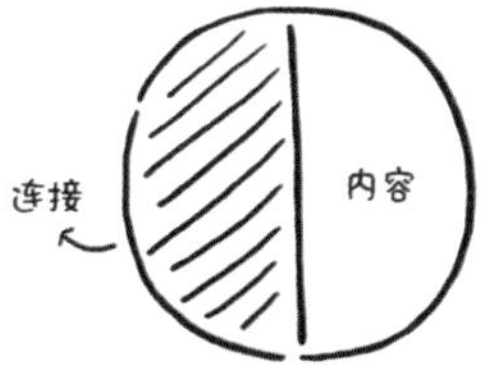

公众号媒体

在内容上，公众号有非常完整的内容展示空间，媲美传统媒体，同时又将各种媒体形态完美融合，第一次实现了全媒体形式打通，无论是视频、音频，还是图文、漫画，包括新的媒体形式，如表情、动图等，都在公众号里共冶一炉，兼容共济。简而言之，公众号媒体传承了媒体“内容为王”的精神，并且对内容生产提供了新的技术，增加了新的形式，赋予了新的意义，极大地提高了内容生产力。

在连接上，公众号可以在阅读和观看的同时，迅速把内容连接互动起来，做到所见即所得。绝大部分的互联网工具和手段，都能在公众号里轻松开发和使用；随着小程序的开发和使用，微信公众平台进化了连接的功能，提升了连接效率和体验。

了解了微信公众号的基本属性，你才能够理解在微信公众号怎么做内容：利用新的媒体技术和新的媒体形式，编一篇好的图文，做一个好的视频，那是最基本的条件。但这还远远不够，你还要考虑如何用更丰富的媒体形式去表达得更好。最重要的是，你还要考虑用户看完后的一系列动作。针对每一个动作，你在内容里要做相应的连接的引导和设置，否则，你的内容再好，你也仅仅是一个优秀的媒体人，而不是一个优秀的公众号媒体人。

第四节
微信公众号的具体形态

微信公众号的具体形态非常简洁，简洁到所有第一次接触它的人，都有些不知所措的感觉，包括笔者在内：完全固定的产品模式，一天一次推送，一次最多推送 8 篇图文，15 个子菜单。

这么一个极简的媒体产品，又深深折叠在微信二级用户界面里，怎么做内容？怎么做才能与众不同？怎么商业化？怎么让用户找到我？怎么传播出去？

现代科技产品中让笔者从极简中产生疑虑，又能迅速从疑虑到熟练，从熟练到热爱，从热爱到习惯的，是 2011 年的 iPhone 3GS。多年习惯使用键盘手机的笔者，第一次拿到苹果手机的瞬间，是懵圈的：居然没有说明书?！居然只有一个 HOME 键?！然而，技术盲的笔者，很快就上手、熟练了苹果手机的操作，并对它的创造者产生浓厚的兴趣，因此而去关注乔布斯的动态，学习有关他的种种资料，也从此习惯了使用一代又一代的苹果手机。

乔布斯是极简主义者，对产品，信奉“少即是多”的理念；张小龙的产品理念同样如此，“极简方不被超越因为无法超越”。具体怎么做呢？“条理清晰胜过视觉表现；分类，化繁为简；单一路径，不要多入口多出口；抽象洞察本质，方能化繁为简”，正是秉承这种产品理念，最终呈现在公众面前的，是一个无论视觉还是功能，都极度简洁和条理清晰的微信公众号。如同一部极简的苹果手机，而所有用过苹果或者其他智能手机的人都知道，在这极简的产品背后，蕴含着多么丰富的内容，可以让人非常容易地触达缤纷多彩的世界。

苹果重新定义了世界，其极简主义智能硬件产品，将人类带进了崭新的移动互联网。而微信，则重新定义了世界的生活方式，其极简主义智能软件产品，将人类，目前主要是中国人，带进了真正的移动互联网生活。今天，全世界的科技公司，都在学习微信，而中国的移动互联网生活的发展，已经实现弯道超车，领先于全世界，原因即在于此。

微信和苹果，一个在软件领域，一个在硬件领域，除了奉行同样的“极简主义”产品理念外，在产品应用方面，同样实行底层系统封闭。底层系统封闭最主要的原因，是保证用户的信息安全和系统运作安全保护，因为当苹果和微信成为数字社会的基础设施时，这种封闭保护是必然的、必需的；另一个原因，源自于系统底层的建造哲学。张小龙的表述是“像上帝一样道生一，一生二地建造系统建立规则”。这句话源于《道德经》，完整的表述是“道生一，一生二，二生三，三生万物”。万物发源于极简的“道”，在极简中诞生缤纷多彩、丰盛繁茂的世界。

微信秉承的是这个极简的“道”，再通过“道生一，一生二”去设计、开发产品形态、建立规则，之后的“二生三，三生万物”，是交给开发者和用户的事情，是产品和规则运营后系统自然生长的自然演化结果。“产品经理像上帝一样，可建造系统，制定规则，让群体在系统中演化”。这是张小龙对产品经理的要求，而这已经不仅仅是一个产品理念要求，而是一个创世的哲学理念要求了。

理解了微信的系统哲学和产品理念，面对其中的一款产品——极简到让人不知所措的微信公众号，也就能洞察到它背后极其丰富的应用和运营形态。

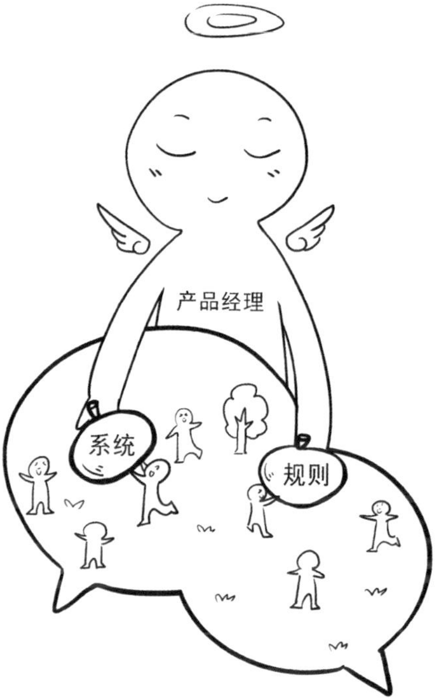

我们将在本书第二章“内容篇”和第三章“连接篇”对微信公众号进行深入和具体的描述。

如何在公众号这个极简主义的生态，孕育绚丽多彩的生命？微信的答案是“让创造发挥价值”。如果说公众平台是孕育公众号媒体这一新的媒体物种的天空与土壤，那么原创机制是保持这一物种生态繁荣的水源，离开原创，公众号媒体将很快枯竭和死亡。关于原创机制，微信煞费苦心，从建立机制的那一天开始，就没有停止优化调整的步伐；对违反原创机制，弄虚作假、投机取巧的行为，从来没有停止过严厉打击的方针政策。公众号媒体行业的从业者，必须对此有深刻的认识，保持不断学习的态度，才能在微信公众号媒体生态收获丰硕果实，否则，最终可能会一无所有。

下面，我们先介绍微信公众号形态的一些最基本的机制。

原创保护机制

为了激励更多人进行原创，微信团队于 2015 年 1 月 22 日上线了原创声明功能，第一批公测对象为微信认证的媒体类型公众账号。

原创声明功能上线后，不少有影响力的自媒体被邀请开通了原创功能。随着微信生态的不断变化发展，原创保护功能也不断完善。

2015 年 1 月 22 日，原创开始内测。

2015 年 2 月 11 日，“赞赏”功能开启内测，面向已开通原创保护功能的账号。

2015 年 2 月 13 日，向原创账号提供页面模板和文章可插入历史群发链接功能。

2015 年 5 月 20 日，在广州召开了第一次平台与公众号运营者的内部沟通会，会后原创标识开始对企业认证的公众号开放。

2015 年 7 月 10 日，面向微信认证及原创账号上线语音功能。

2015 年 7 月 23 日，具有原创声明功能的公众号，对文章进行原创声明时，可选择该篇文章允许转载或禁止转载。

2015 年 11 月 20 日，公众平台内测图片原创保护功能。

2015 年 12 月 2 日，原创可给予某些账号修改文章和不显示转载来源等转载权限。

2016 年 1 月，公众平台表示已开始内测视频原创功能保护功能。

（以上部分数据来自微信官方公众号【微信公开课】）

目前，原创相关的扶持功能也有不少：留言功能、赞赏功能、小主页展示、流量倾斜（原创文章和账号会优先被搜索到）、广告倾斜（1 万粉丝即可申请成为流量主，原创文章广告分成更高）等。

原创保护功能目前不支持自主申请，实行内邀制。内邀原创保护功能的几个指标分别是：注册时长、原创度、原创文章数活跃度、遵守原创规则，无抄袭等违规行为。

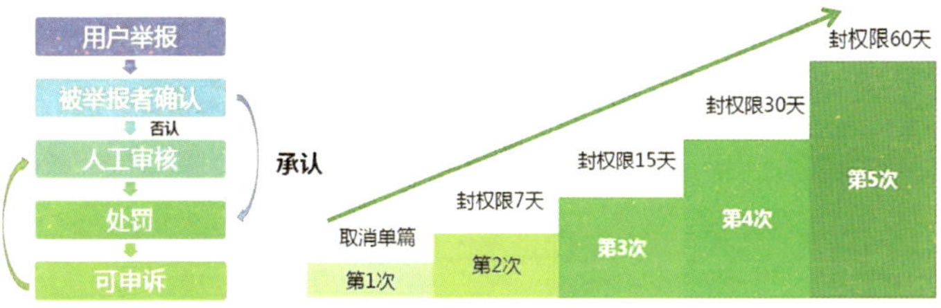

（违规原创处理图示）

对于哪些内容能标原创，哪些不能标，微信官方都做了详细的解释：原创特指自己写的、独立完成创作的作品。歪曲、篡改他人创作或者抄袭、剽窃他人创作而产生的作品，改编、翻译、注释、整理他人已有创作而产生的作品均不能说是原创。

国家版权局在《关于规范网络转载版权秩序的通知》中明确规定：

互联网媒体转载他人作品，应当遵守著作权法律法规的相关规定，必须经过著作权人许可并支付报酬，并应当指明作者姓名、作品名称及作品来源。

到目前为止，仍有很多公众号在转载文章时没有得到原创作者的授权，而是直接标明来源了事。从某种程度上来说，这种行为已经构成了侵权。

除了公众号文章，公众号头像和名字、字体都有可能涉嫌侵权，随着知识经济的发展，版权保护必然会做得越来越好。

公众号认证与命名机制

1. 为什么要微信认证

微信认证规则中如是说：微信认证是对公众号主体信息的认证，微信认证只对公众号主体信息的认证负责。对于新申请认证的公众号名称，只要不侵权，不违法，不违反微信公众平台运营规则，不跟已有公众号微信认证名称重复，任何命名都是可以的。

目前微信公众平台的众多功能和接口只对认证的公众号开放。微信认证后，账号可以获得更丰富的高级接口，向用户提供更有价值的个性化服务。而且用户在进行公众号搜索时，认证的微信账号会优先显示。

不过，除了2014年8月26日注册成功且满足条件的公众号外，目前个人类型的公众号无法进行微信认证，而且个人类型的公众号同样不再支持微博认证了。不仅如此，2016年9月初时，微信取消了部分通过微博认证（新浪微博和腾讯微博）的公众号的“V”标志。

微博认证、个人认证等逐渐减少，企业为主体的公众号增加。一方面，可以促使企业更专注地投入公众号运营中，毕竟要认证就要先有公司，要注册一家公司也是有一定门槛的；另一方面，企业为主体的公众号，即便出现问题也可以追究责任，或多或少能减少平台欺诈等不良现象。如果企业为主体成为主流，或会净化微信生态。

2. 微信认证和命名的调整历程

2014年8月27日，微信更新规则，一个身份证可以注册5个公众号，同时确定公众号的主体唯一性。即对于历史注册的未认证账号，有且只有一次纠正业务主体和类型的机会，更改的期限到2014年12月31日止；对于早期无主体的认证账号，可以通过走微信认证年审的通道补充主体信息；对于已经微信认证或已经开通流量主的公众账号，主体信息不可变更。

2014年12月26日，微信发布认证命名规则调整公告：新申请认证的账号名称只要不侵权、不违法、不重复，不违反微信公众平台运营规则就都可以，且不需要加上公司简称；已有认证账号名称倘若侵犯了你的公众账号的权利，可以到公众平台侵权投诉入口投诉；新注册的公众号名称将不能与已进行微信认证的公众账号名称一致；已经存在的相同账号命名暂不处理，但所有者可以经由投诉中心投诉，符合规则者会按侵权账号进行注销、封号处理。

2016 年 4 月 19 日，微信公众号对命名规则进行了调整，上线平台“唯一命名”规则。申请认证的公众号，新注册的公众号，被投诉成功、名称被清空的账号，都将实现全平台“命名唯一”。

2016 年 11 月 18 日，微信个人公众号一年可改两次名称。（例如：2016 年 1 月 1 日至 2016 年 12 月 31 日内可修改两次名称）。

3. 微信认证和命名的那些狗血剧

微信认证曾出现过不少风波。

2014 年年底，微信曾对公众号的认证规则进行调整，微信认证命名即使没有商标，也无须再加公司名称或简称，一些颇具知名度的公众账号如【一条】【视觉志】等纷纷遭到了一些小号的恶意抢注。

2015 年 11 月初，覆盖百余万粉丝的数个公众号被同一家重庆代认证公司“盗走”，“微信认证主体不可变更”的问题逐渐显露。

2016 年 5 月中旬，近百家自媒体大号被同一家公司恶意抢注商标。随后，公众号因被抢注商标，遭到对方恶意投诉导致清空账号名称的事件不断上演。

正是因为这些狗血剧的不断发生，微信也在不断调整规则，以便为公众号运营者创造更具有包容性的生长环境。无疑，微信认证涉及的公众号主体不可变更，既是方便管理，也让微信生态变得更井然有序；而公众号命名唯一，更利于公众号塑造品牌，即使有山寨版的存在，也能成为用户始终认准的那一个。对认证和命名的不断规范，也是对公众号品牌溢价的肯定。

诱导分享和关注的打击机制

微信从2014年年底开始打击诱导分享和关注的行为，包括整顿流量号、加强外链管理等。不少商家和运营者通过外链进行诱导分享和关注，不仅扰乱了朋友圈生态，也干扰了微信公众号的常态发展。

近段时间，关于诱导分享、诱导关注的戏天天都在上演，像【大字】【黑凤梨APP】【柏拉图APP】等因为涉及诱导分享关注，被微信封号或是屏蔽链接、清空粉丝。

诱导分享和关注涨粉快，风险也大，违规的运营者中有知法犯法的，也有因为不熟悉规则不小心踩线的。

在微信生态越来越成熟的今天，微信对于诱导分享和关注这一块的监管在未来也会越来越严，运营者们也应该熟悉游戏规则，避免踩坑。

第五节

公众号不仅仅是微信公众号——国内外各平台公众号的基本形态

“苹果重新定义了世界”这句话的实际含义是，苹果为人类开创了移动互联网的世界；而微信，重新定义了人类的生活方式，把人类带进了移动互联网生活。《纽约时报》发布了一个视频——《微信正在改变世界科技》①。看过视频，笔者认为视频名字改为《微信正在改变世界生活》更切题。今天，微信作为一种生活方式，影响的基本还是全世界的华人，但西方正在仿造微信。Kik 的创始人更直言：“我们要重新打造一个西方的微信。”

诚然，东西方生活方式、价值观的不同，必然导致最后移

---

① 《微信正在改变世界科技》：http://www.weixinla.com/document/50749688.html

动互联网的生活方式有所区别，就像苹果手机的诞生、发展，带动了整个智能手机行业的发展，诞生出无数有所区别的智能手机品牌，但是行业的原型来自苹果。毫无疑问，移动互联网的生活方式，必然是以微信为原型，发轫于微信，进化于微信。

微信公众号，这一款微信生态里的全新媒体产品，正在被全世界学习、改进和演化。因此，公众号不仅仅是微信公众号，而是一种新的媒体物种的统称，覆盖了国内外各平台。

微信公众号 VS 国内各大自媒体平台

微信公众号运营者是当下媒体内容产业的佼佼者，特别是优质的原创公众号，会不断接到各大自媒体平台的入驻邀请，包括头条号、网易、百家号以及淘宝头条等。移动互联网的内容媒体生态，微信公众号犹如一个核心原点，其内容从这个原点发散到各大自媒体平台上，形成移动互联网全平台覆盖的新的媒体内容发行生态。

不管是传统的新闻资讯 APP，还是老牌的门户网站，抑或是电商平台，当下都会建设一个自媒体平台。大多数时间，他们都在做着同一件事——学习微信公众号。

第一类　腾讯系的企鹅自媒体平台、QQ 公众号

	微信公众号	企鹅号	QQ 公众号
数据统计	实时	实时	实时
商业收益	流量主	流量主	—
原创标识、赞赏	✓	✓	×
第三方排版编辑器	✓	×	×
开发接口	✓	×	×
群发次数	1 次/天	6 次/天	1 次/天
内容分发渠道	微信	腾讯新闻客户端、天天快报、QQ 浏览器等腾讯自有平台	手机 QQ

首先要提的是同属腾讯系的企鹅自媒体平台、QQ 公众号。

企鹅号、QQ 公众号在发布文章和实时数据统计以及一些底层的技术和界面设计上，都有微信公众号的影子。用户管理方面，企鹅号的粉丝来自多个平台，但是后台却无法对这些用户进行管理，比如分组、打标签等。

关于阅读量，企鹅号因为分发平台多，若有推荐，阅读一般不会太差。但文章在得不到推荐的时候，阅读量往往也会很惨淡。阅读量不稳定，流量主的收益也会受到影响。此外，企鹅号还会以“××倍流量主收益”为由推出一些活动，像“汽

车人网红争霸赛”等，具体数据暂不得知。但无论是官方通过活动，还是推荐做流量引导，都是中心化的思维模式，与微信公众号生态的去中心化原则背道而驰。

QQ 公众号目前仍处于公测中，发布的内容暂时只有 QQ 看点这个入口。从理论上来说，依靠同样拥有庞大用户基础的 QQ，QQ 公众号的阅读量也不会太差。但据笔者观察，目前 QQ 公众号的阅读量并不会太高，或许是因为用户还未形成在 QQ 上阅读的习惯。

第二类　头条号、一点资讯等传统新闻资讯 APP 衍生的自媒体平台

	微信公众号	头条号	一点资讯	UC 订阅号
数据统计	实时	实时	实时	实时
商业收益	流量主 广告主	自营广告、 头条广告	点金计划	“W +”量子计划
原创标识、赞赏	✓	✓	✓	✓
第三方排版编辑器	✓	部分支持	×	✓
开发接口	✓	✓	×	×
群发次数	1 次/天	5 次/天	5 次/天	2 次/天 （目前对部分账号开放）
内容分发渠道	微信	今日头条	一点资讯	UC 浏览器

和企鹅号一样，这些平台都强调中心化的推荐机制。头条

号的推荐机制，将文章按照关键词、标签、时效性等，分别推荐给可能感兴趣的用户。依靠推荐机制，头条号的文章阅读量少则几千，多则几百万，100000 + 是很常见的事情。但如果没有推荐，阅读就惨淡了。而一点资讯、UC 订阅号这些平台的阅读量也都是和推荐机制捆绑在一起的。

关于用户管理和互动的问题，这些平台中与用户的互动仅仅停留在评论和回复上，更深入的交流几乎是做不到的。换句话说，这些平台拥有的粉丝数，只是苍白的数字，对账号的内容、阅读量、变现等并不会产生太大的影响，也很难产生后续的互动和商业行为。

内容的管理上，这些平台表现略为苛刻，文章内不能放二维码，特别是涉嫌推广和微信公众号相关的，一些和微信联系比较密切的文章，也常被当成推广或广告软文下线。

第三类　搜狐自媒体、网易号、百家号等传统门户网站的自媒体平台

	微信公众号	搜狐自媒体	网易号	百家号
数据统计	实时	实时	实时	实时
商业收益	流量主	—	亿元奖励计划	百度广告
原创标识、赞赏	✓	×	✓	✓
第三方排版编辑器	✓	×	×	✓

（续表）

	微信公众号	搜狐自媒体	网易号	百家号
开发接口	✓	×	×	×
群发次数	1次/天	5次/天	6次/天	5次/天
内容分发渠道	微信	搜狐新闻客户端和PC端	网易新闻客户端和PC端	手机百度等平台，并被百度搜索收录

对这些主流门户网站而言，本身就拥有自己的内容团队，因此对第三方的内容推荐力度并不会太大。

搜狐自媒体除了最简单的功能、发文、统计数据，更复杂的功能暂未看到。网易号是按星级来开放功能和收益的，没有得到推荐的话，阅读数基本为0或个位数。

百家号，2016年9月28日正式上线，10天就吸引了10万用户注册，单篇文章收益6000多元。百家号主要的收益来源于百度广告，自营广告需要一定资质才能开通。百家号比较突出的特点是依托百度新闻流量资源可以为入驻者提供流量、渠道、内容方面的推广。

其中，搜狐、网易、凤凰号只有最基本的打赏和入驻补贴，基本没有盈利模式可言。百家号虽有百度广告，但相对微信公众号的多元化、去中心化的盈利模式说，这些平台的内容变现模式都还十分单薄。

第四类　淘宝头条、京东号等电商平台的内容创作平台

	微信公众号	淘宝头条
数据统计	实时	实时
商业收益	流量主、赞赏、广告、电商	—
第三方排版编辑器	✓	×
开发接口	✓	×
群发次数	1 次/天	4 次/月
内容分发渠道	微信	手机淘宝和 PC 端

目前，电商巨头淘宝、京东等都开通了自己的内容平台，像淘宝头条、京东号等，在电商系统上的内容平台，都会指向一个方向：卖货。

淘宝在 2016 年 8 月曾推出了一个内容平台——淘宝二楼，仅在深夜时段（晚上 10 点到早上 7 点）可进入，首播一档叫《一千零一夜》的节目，每期会有一个不同的短片来介绍一个源自淘宝的优质商品。据《天下网商》报道，第一夜短片涉及的鲅鱼水饺商家截止 8 月 11 日，其销量已经翻了 150 倍。

2016 年 9 月，京东上线京东号，外界对其褒贬不一。有人认为京东号如果定位于纯科技自媒体还是有戏的，有人则认为京东毫无内容和媒体基因，做不起来。

电商内容平台的出现，或许就像阿里巴巴集团 CEO 张勇所说的，“现在出现了崭新的推荐，因为对人的关注，而对内容进

行关注，进而关注内容当中所含商品元素，最后带来消费机会”。

除了上述平台，还出现了一大波自媒体平台：360 旗下的北京时间号、众媒号，支付宝旗下的生活号、九派号……

总的来说，微信公众号最基本的机制是去中心化，不干预，这也是微信生态的根本点。其他平台在技术上都在仿造微信公众号，但因为他们设置了准入门槛和流量干扰等，还是中心化的形态。目前来说，这些平台的兴起，只能作为公众号媒体的流量补充。

国内自媒体平台的总结

国内各平台的“公众号”，基本还是内容属性，而缺乏内容与用户的互动、管理等连接属性。从这点而言，除微信公众号外的其他平台“公众号”，基本还是传统媒体。其根本原因，不是技术上不能实现，而是受机制所限。他们都是中心化机制，一旦运营者具有连接属性，平台方将不能获得任何收益，无论是广告还是电商，都将归于运营者所有，除非平台方向运营者收取费用，否则难以为继。而微信公众号之所以能向每一个运营者开放“连接”，不收取任何费用，根本原因是微信不是一个平台，而是一个生态，于每一个个体而言，是一个生活方式，并最终成为数字社会的基础设施。它通过城市服务、支付等入口获得最基础部分的收入（如同今天的民用水电费用，对绝大多数家庭而言，已经不是什么负担）；同时通过公众号广点通、互选广告等获得广告收入。

我们相信未来，从微信公众号孕育出的公众号媒体这一新的媒体物种，会在其他平台获得连接属性的权利，前提是这些平台能够做到去中心化的机制，并能够在商业收入和运营者之间形成一套合理机制。而这，也是共享经济的大势所趋。

外国公众号的基本形态

在国内知名的科技博主 keso 看来，微信公众平台的理念来自 Google、Facebook 等，尤其是 2007 年发布的Facebook开放平台，通过开放自家的用户身份和关系链、接口、工具、协议、框架等资源，让成千上万的第三方开发者为 Facebook 用户开发 Apps，Facebook 几乎定义了基于社交关系的 Web 开放平台的标准。①

而今天看来，体量超过千万级别的微信公众号成了跨平台的超级平台，OS 中的 OS。原本很厉害的西方技术大牛们，纷纷反过来学习微信，学习微信公众平台。像 Facebook Messenger、Kik、Line、WhatsApp 等这些占据着西方庞大用户基础的社交软件，前前后后地加入了类似微信公众平台的某些功能。

《经济学人》曾发长文称赞微信，称连 Facebook 都模仿它。近年来 Facebook 在社交服务上的霸主地位已经从 PC 市场转战到

---

① 《微信创造（下）：从工具到平台》：[DB/OL]. http://chuansong.me/account/kesoview

移动平台，其公司旗下的即时通信服务 Facebook Messenger 月活跃用户也超过了 10 亿。①

Facebook Messenger、Kik、Line 作为国外用户基础庞大的社交通信软件，学习微信公众号有迹可循。总的来说，国外这些社交软件大都是在学习微信公众号全媒体打通的技术，并通过智能聊天机器人的方式实现。而目前使用这些智能聊天机器人的，多为企业主和品牌商。

从技术上来说，智能聊天机器人是一种程序，它能按照特定指令和人进行聊天，比如说商家、品牌、明星等都可以用定制的聊天机器人与用户进行紧密互动。

从形态上来讲，智能聊天机器人是西方的“公众号”，与国内的微信公众号类似，实现了一定程度上的全媒体互通。同时，在机器人回复用户的内容之间产生信息交互和商业变现的可能。

1. Facebook Messenger 的聊天机器人

作为 Facebook 下面的移动社交平台，Messenger 一直在技术或形态上不断改进，从单纯的即时通信逐渐演变成今天的集服务与社交于一身的社交平台。

2015 年年底，Facebook 和 Uber 共同做了个新功能，即用户可以在 Facebook Messenger 应用中打车。用户只需要跟 Uber 机器

① Technews 科技新报. Facebook Messenger 活跃用户超过 10 亿［DB/OL］. http://news.tom.com/2016-07-21/OKV9/24592685.html.

人说话，告诉它在什么位置以及要去哪里即可。①

2016 年 4 月，Facebook 在 F8 大会上，在其聊天应用 Messenger 中推出了第一代的聊天机器人。

2016 年4 月中旬左右，Facebook Messenger 正式开放即时文章（Instant Articles）功能，“公众号”里的新闻网页打开速度加快了 10 倍，在 Messenger 里的即时新闻右上角标注上了“闪电”标志。从 2015 年 5 月开始，即时文章功能已经测试了将近 1 年时间，初期合作的新闻出版机构包括《纽约时报》、新闻网站 Buzzfeed 等。②

2016 年7 月初，Facebook 公布的 Messenger 平台聊天机器人目前已超过 11000 个，同时更新了机器人评级、快速回复、固定菜单等相关功能。③

功能名称	具体功能
快速回复	最多支持 10 个快速选项，开户输入相关指令就能得到相关的快速回复
固定菜单栏	最多支持五种自定义指令，点击菜单栏就能唤出并使用

---

① Facebook Messenger 很快也能像微信那样通过“公众号”获取服务［DB/OL］. http://m.cnbeta.com/view/464095.htm

② 好奇心日报. Facebook 越来越像微信，现在还有新闻公众号了［DB/OL］. http://www.qdaily.com/articles/29657.html

③ 36 氪. Facebook Messenger 聊天机器人已达 11000 个［DB/OL］. http://36kr.com/p/5048938.html

（续表）

功能名称	具体功能
GIF 图、音频、视频等	可通过 Messenger 中的聊天机器人发送 GIF 图、音频、视频等内容给用户
账户连接	Messenger 可与用户在具体电商平台的账号连接起来，用户可在 Messenger 中完成一站式的购物服务
评价机器人	可以对聊天机器人进行打分、写评论，同时还可以将机器人拉黑或选择静音模式

从上面这些更新来看，Facebook 要学习微信公众平台，将 Messenger 打造成品牌与服务平台的决心不言而喻。

图为关注 CNN（美国有线电视新闻网）在 Messenger 上的账号后，与聊天机器人的对话

Facebook Messenger 的聊天机器人可以称为“公众号”，每个企业和品牌，甚至个人都可以定制自己的机器人。聊天机器人可以在用户回复天气、新闻等关键词后，发送给用户相应的信息。

在 Messenger 上，用户和机器人的沟通，停留在用户发送指令，机器人回复用户的询问、返回信息以及图片和视频等内容。

机器人的用户体验并不如 Facebook 说得那么好，机器人常常会回复给用户不相关或错误的信息。相关的用户使用数据，Facebook 也从未对外公布过。

不可否认的是，Messenger 聊天机器人的推出，让其可以承载资讯传达、零售、服务等各种商业行为，巨大的商业潜力将会从中产生。但是在 Messenger 上，企业或品牌通过机器人来传递信息，和用户并不是直接接触的关系。

2. Kik 的公共号

Kik 是一款“可以与手机中同样安装了 Kik 的好友免费发消息的跨平台的应用软件”，2015 年腾讯向 Kik 投了 5000 万美元，意欲要打造西方的微信。

2014 年 11 月，Kik 推出了公共号功能，最早加入的有包括时尚、零售和非营利组织等类型的 25 个品牌。①

2016 年 4 月 6 日，Kik 正式上线聊天机器人商店 Bot Shop，允许开发者、商家创建自己的聊天机器人，上线前需要通过审

---

① 36 氪. Kik 的商业模式在哪里？除了虚拟货币、HTML5 浏览器，今天它也推出了公共号[DB/OL]. http://36kr.com/p/216780.html

核，并以提供公共服务为主。该公司之前也曾在其聊天应用中提供过机器人，供用户通过文本与之对话，以及用以执行简单的网络任务。①

Kik 的公共号隐藏在 Bot Shop 中，也称“智能个人购物助手”，充当入驻品牌的虚拟客服，帮助消费者挑选商品和处理售后等问题。

具体的操作过程如下：

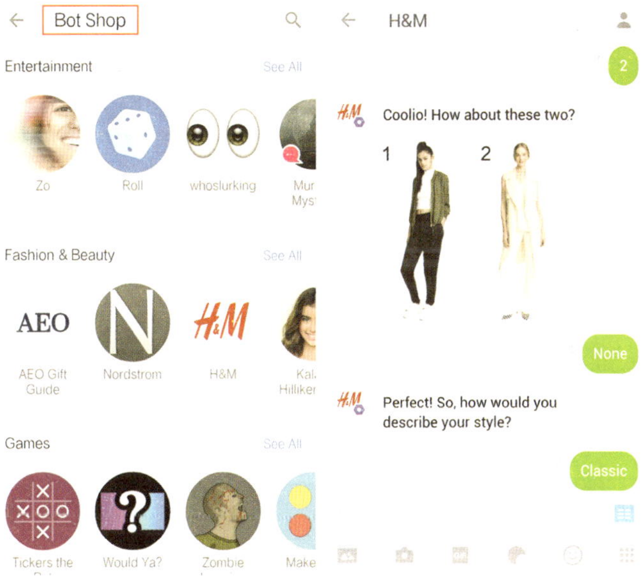

kik 的 Bot Shop 与操作过程

① 网易科技. 通信应用 Kik 推出聊天机器人商店［DB/OL］. http：//tech. 163. com/16/0406/09/BJV83B0E000915BF. html.

（1）在 Bot Shop 中寻找你感兴趣的公共号，点击与其进行对话。(按类型分，相同账号放在一起)

（2）关注后账号和微信公众号一样有欢迎语，根据用户发送的信息做相关回复，与 Messenger 类似。

3. Line 的官方账号

Line 在 2011 年 6 月上线，是由韩国 NHN 在日本子公司 NHN Japan 推出，以丰富的表情贴纸迅速出位，在移动互联网受到热捧。

自 2012 年 6 月开始，Line 面向企业提出了官方账号，企业付费开设 Line 官方账号之后，可以向把该企业账号加为“好友”的用户直接发送短消息。①

Line 的商业模式中，最直接的变现方式是其特有的表情贴纸收费，其次是官方账号和广告。官方账号仅面向企业和明星开放，是收费的，每个国家和地区的价格有所不同，一般一年会收 20 万 ~30 万美元的费用。官方的原则是“通过设立一定的门槛，保证官方账号的可靠性，防止诈欺事件的发生”。在中国注册一个 Line 的官方账号需要交纳近 200 万元人民币（30 万美元）。每一家企业只能注册一个官方账号，而且必须通过 Line 的审核和认证。②

---

① 虎嗅网. 日本微信，Line 在母国是如何壮大起来的？［DB/OL］. https://www.huxiu.com/article/10560/1.html.

② 都是绿白：微信、whatsapp 与 LINE 到底有啥区别？［DB/OL］. http://tech.huanqiu.com/news/2015-01/5543992.html.

除了赚注册费，Line 的官方账号就像一个移动营销平台，商家通过后台系统可以发送图片、文字、贴图等各种形式的广告内容，还可以与用户们进行实时互动。个别官方账号上还会提供贴图的免费下载，这也是企业通过官方账号盈利的方式之一。

入驻 Line 的官方账号中，有明显的分类，像购物、商品和服务、旅游休闲、娱乐信息等，相同类型的账号是归到一起的。每个官方账号都有自己的主页，用户可以在上面看到该账号最新的动态，不过和微信公众号不同的是，Line 的官方账号并不是以发送图文的形式，而是像发微博一样，用户可以点赞评论。

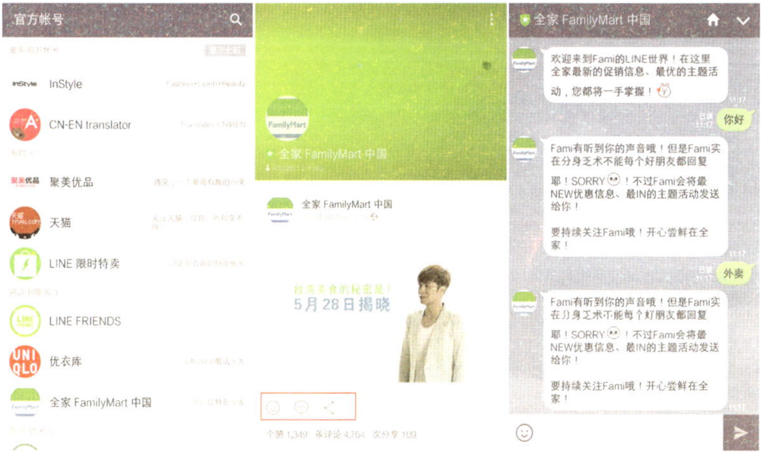

Line 官方账号的关注与操作

国外自媒体平台总结

与国内各平台“公众号”只有内容属性，缺乏连接属性恰恰相反，国外各平台“公众号”偏重连接属性，而缺乏内容属性。这里面的深层原因，是产品使用心理和习惯问题，要做到“内容＋连接”的兼容，国内自媒体平台需要做机制上的调整，而国外自媒体平台则需要面对用户心理和使用习惯的问题。因此，它们的路会更漫长。

微信公众号对国内外的公众号平台有着深刻而长远的影响。对全世界而言，公众号媒体才是刚刚发芽的新的媒体物种，是一个刚刚开始的全新的媒体产业，它还有很长的路要走，还有旺盛的生命力在它们稚嫩的身体里等待爆发。

第六节 公众号媒体，一个全新的媒体物种，一个全新的媒体产业

媒体产业的发展历史和种类，简单回顾如下（我们特指的是具备内容生产力的媒体，而展示类的媒体，如户外等不包含在内）：

2005 年前，媒体产业基本是四大传统媒体构成：电视、电台、报纸、杂志。这是传统媒体迅猛发展的年代，在中国，也是报纸和杂志繁荣兴盛的年代。

2005—2015 年，是互联网媒体产业蓬勃发展的十年，包括 PC 和 2011 年后的 APP；也是传统媒体产业持续发展的十年，在中国，这十年是电视媒体产业发展的黄金十年。

2015 年后，传统媒体突然急转直下，在中国，20 多年持续增长的电视收入开始呈现负增长，大量电视台的收入出现快速下滑，而在此之前，报纸、杂志的收入都已经腰斩，到了 2015 年，则出现了杂志和报纸的部分停刊。只有电台还保持增长，一是因为电台的体量一直很小，二是因为电台的媒体特性——产品很轻、移动传播等，比较贴合移动互联网的运营和传播方式。

与此同时，互联网媒体，包括 PC 和 APP，也出现了流量大面积流失和广告增速减缓的状况。

2015 年发生了什么？

2015 年是微信公众号爆发性增长的一年。这一年，大量创业者涌入微信公众平台，林林总总、各行各类的优质公众号不断涌现，资本也正式进入这个行业，各种公众号企业获得融资的消息不绝于耳；这一年，也是微信公众号的商业元年。

广告，这一经济晴雨表的行业，开始成规模投入公众号，大众熟悉的原创大号【咪蒙】【papi】【黎贝卡的异想世界】【石榴婆报告】【化妆师 MK－雷韵祺】【视觉志】【十点读书】【小小包麻麻】等，都是在这一年，特别是在这一年的秋天，开始了其在商业上的丰收。

微信公众号简史

迄今为止，微信的发展历史，经历过三个革命性事件：

（1）2012 年上半年“朋友圈”的推出，让微信从一款即时通信工具发展成社交平台。

（2）2012 年下半年“公众平台”的推出，赋予了微信取之不尽，用之不竭的内容资源。

（3）2014 年 9 月，微信支付的加密完成，打造了微信商业化最核心的基础设施。

未来可期的革命性事件，是 2016 年第四季度全面推出的

“小程序”，它将完成微信生态的闭环。

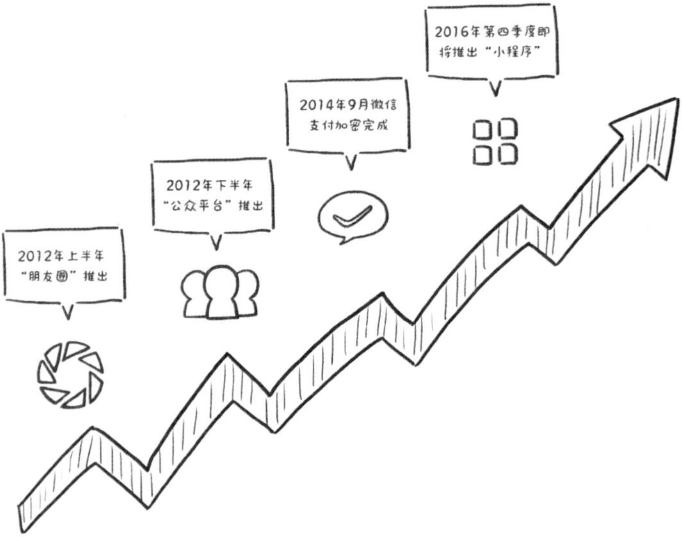

微信公众号也经历过一些决定性的历史时刻，笔者回顾和总结如下：

（1）2012 年年底的公众号大整顿，大批违规流量号被永久封号，大批从微博转战微信公众平台、把公众号作为营销阵地的人离开平台。平台得到第一次净化，一批先知先觉的原创内容作者从 2013 年开始陆陆续续入驻平台创业，官方开始重视并不断优化运营规则。

（2）2014 年 7 月的微信广点通广告系统上线，它的意义不在于让公众号获得的“流量主”收入（尽管它的初衷是让内容原创者获得匹配的收入，但事实证明互联网传统的流量分成方式不是公众号的正确收入方式），而在于让公众号获得了一个官方允许的流量获取入口，时至今日，它的“广告主”方式依然是公众号投入推广费用，获得优质用户的最有效渠道。

（3）2015 年 5 月，在广州召开的公众平台原创闭门会议。这是一个非常小规模的内部邀请会议，受邀的原创公众号全国只有 20 多家，笔者与有荣焉。会后，原创认证资质向企业认证的公众号率先开放。企业认证的公众号原创获得了官方背书，被赋予了名正言顺的媒体资质，也获得了更多媒体权限。公众号在内容机制上得以完善，从此，公众号媒体开始走上发展的快车道。

（4）2016 年 9 月，小程序进行内测，微信邀请了 200 个服务号参与内测，后面会开放全面申请，个人号也可以申请注册开通小程序功能。2016 年 11 月，小程序开放公测，主要对企业、政府、媒体和其他组织开放注册，个人主体暂不支持注册。公众号在“连接”技术上得以完善，从此，公众号媒体将进入高速发展轨道。

微信公众号创造了一个新的媒体物种，诞生了一个新的媒体产业——公众号媒体

微信公众号是一次媒体内容的大解放，它释放了全社会的内容原创能力。它迥异于所有已知的媒体规律，一直以超常规、超速度的形态成长，且一直处于动态的发展之中，自我完善、自我修补、自我成长，连它的母体——微信，也没有预料到它的发展轨迹，只能跟随其后，不断做出规范和修补。

也就是说，微信公众号已经自成生态，这正是张小龙产品的生态理念“道生一，一生二”后形成的“二生三，三生万物”的万物自然生长的必然结果。

为什么说微信创造了一个新的媒体物种——公众号媒体？我们从以下四个方面去探讨和总结：

1. 公众号媒体是微信生态森林里的阿凡达山，由此形成了一个全新形态的媒体生态

媒体的生态土壤决定了媒体形态。媒体的核心价值是内容，而内容来自生活，展现生活的方方面面，透过生活的现象，提升生活的价值。

微信是一个生活方式，是8亿多用户的个体生活、工作、社交、娱乐的地方，是一片高度去中心化的、碎片化的生态森林，身处其中的公众号，也是高度去中心化、碎片化的分布形态，数量达千万之多（由于官方没有发布过权威统计数字，我们只能根据市场经验和第三方数据推测，有过内容发布和更新的微信公众号有1000多万个，而注册或抢注公众号名称没做过内容发布和更新的公众号，可能有两三千万之巨）。

而其他媒体，是无法触达如此广阔浩瀚又如此个性化的生态土壤的，因此呈现的是中心化的、精英化的分布形态。传统平面媒体，最高峰的时候，其总数不到一万家（里面还有相当大部分是行业性质、政府性质的非大众媒体），电视媒体在1000家左右；PC媒体、有影响力的门户网站屈指可数，APP媒体同样如此。

其他媒体的生命形态如金字塔，精英占据塔顶，掌握话语权，处于一种相对恒定的状态，呈现出单一性的垄断，新陈代谢的速度很慢；公众号媒体像阿凡达山，上大下小。人人皆有观点，人人皆有品牌，形成庞大的多样性的顶部，处于一种摇摇欲坠的状态，因其恒动，所以孕育着蓬勃的生命力，呈现出生机勃勃的多样性：新的公众号、写手、内容不断涌现，那些失去进取心、竞争力、生命力的旧的公众号、写手、内容也不断从晃动的山顶掉落下来，这体现出新陈代谢的速度很快。

打开微信公众号后台，我们会看到一行醒目的标语：“再小的个体，也有自己的品牌。”这就是微信公众号创立的初心，也是微信公众号发展的现状：千千万万的个体，拥有了自己的品牌，潮起潮落，生生不息。

2. 公众号媒体打通了全媒体形式，形成了一个全新的、和谐统一运用的有机生命体

文字、图片、视频、音频、动图、表情包以及你能想象得到的媒体形式，都在公众号获得了和谐统一的运用——所有形式都不是割裂的，而是形成了一个公众号、一篇公众号推文的有机组成部分。

我们熟悉的四大传统媒体，电视、电台、报纸、杂志的媒体表达都在公众号中融为一体，不仅如此，公众号媒体还融汇了互联网媒体的表达形式，表情图、动图、缩放图、评论等，只要是有益于这个有机生命体的，它就能无违和感地吸收进来，化为已用。

而其他类型的媒体，特别互联网媒体，虽然技术上也可以做到全媒体打通，但它们都会只侧重于一种媒体表达形式，或只能侧重于一种媒体表达形式，而不像公众号媒体，是一个融合的有机体。

公众号今天主要发视频，明天主要发图文；今天主要发音频，明天主要发漫画，只要它表现的是与其相关的内容，用户没有任何的不适应感；在一篇推文里，可以同时综合进所有媒体表现形式，只要做好排版，就浑然天成。

3. 公众号媒体是一个无所不达的连接器，由此产生了全新的媒体商业模式

国内媒体的商业模式，广告占到了商业收入的绝大部分；国外媒体的商业模式是“广告 + 版权”的方式，其中广告占比也在50%左右。这种收入模式是由媒体的内容属性决定的。

在前文我们已经描述过，公众号媒体是“内容 + 连接”的属性，媒体“内容为王”是颠扑不破的王道，但公众号媒体，光内容为王只是解决了一半的问题，只有同时解决了连接的问题，才能成其为公众号媒体。

目前，公众号媒体可见的四种商业模式是广告、电商、O2O和版权。

广告和版权收入，主要建立在“内容”属性上，虽然公众号媒体的广告和版权收入由于还有“连接”属性，会有别于其他媒体的版权和广告收入，但本质上还是属于“内容”属性的。而电商和O2O，则是建立在“连接”属性上的新型媒体收入。

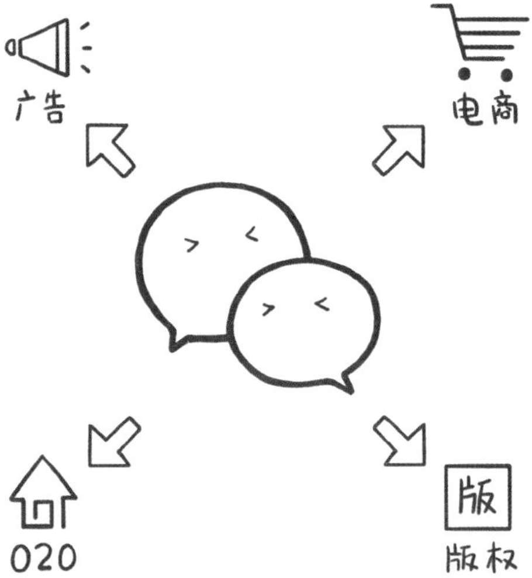

同理，因为并存的“内容”属性，公众号媒体的电商和O2O收入必然也会打上“内容”的烙印，从而与过往有一定的区别。关于公众号媒体内容电商，我们会在本书开辟专门的章节描述，而内容O2O，它的发展与微信小程序会有非常紧密的关系，鉴于小程序目前还未开放应用，只能在以后有机会再行补述。

在公众号媒体的商业模式上，我们再次看到公众号媒体打通全媒体形式的神奇再现　公众号媒体同样打通了全商业形式。奥妙之处，就在于它是一个无所不达的连接器。

4．微信公众平台的技术进步，使得媒体内容制作和发行成本大大降低，解放了内容生产力，带来了微信公众号媒体的繁荣

每一次产业的大发展，都是因为技术的进步，大大降低了生产成本，解放了生产力。农业、工业和信息产业都是如此。以媒体行业为例，印刷技术的进步，带来了平面媒体的发展；电波技术的进步，带来了广播电视的兴盛；信息技术的进步，带来互联网媒体的繁荣。不过，相比较于公众号媒体，过往媒体的内容制作和发行成本还是太高了。互联网创业饱受诟病的是它的“烧钱”模式，从最初的门户到最近的O2O，十几年来，无一不是血淋淋的事实。传统媒体也是一门“烧钱”的生意，一般而言，都需要3~5年的亏损期，才可能进入盈利期，因为媒体除了内容生产的人力制作成本外，其他制作成本、发行成本才是大头，而且内容生产需要较长时间的酝酿和积累，才能产生影响力。

而互联网媒体，还需要在传统媒体的成本基础上，加上更加庞大的技术、产品开发、带宽成本和推广成本，“烧钱”模式由此成为互联网创业的标配。无论是传统媒体还是互联网媒体，高成本、迟回报是固有的生意规律。但如果仔细研究媒体，会发现其最核心的价值是内容制作的人力成本，其他的都可以认为是附加成本。

微信公众号的技术进步，诞生的微信公众号媒体，恰恰减掉了媒体内容人力外的所有成本，运营者不再需要什么媒体常见的产品开发、技术维护、制作发行、带宽服务器等额外巨大的物力成本，至于推广成本，那是量力而行的事情，只要内容和连接做得足够好，就可以在8亿多活跃用户的微信流量池里获得大量免费的用户。

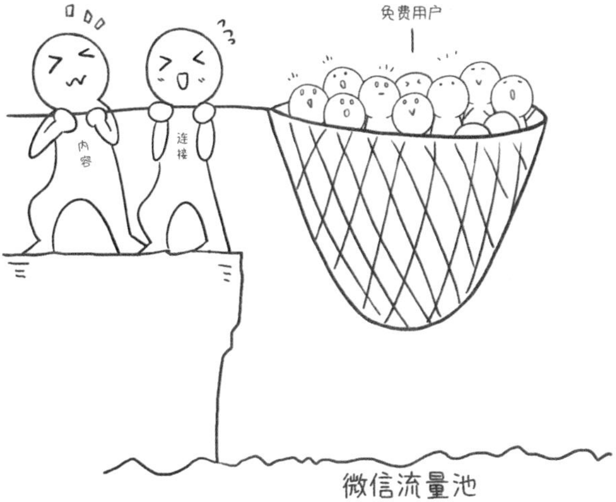

正是基于基本为零的平台运营成本和低廉的维护成本，大多数微信公众号媒体才能够做到快速赢利，当然前提是你要控制好人力成本，要专注于公众号运营，在公众号赢利前，不要贸然去开展其他的平台业务。

就目前公众号的商业运营情况，流量号（指不太注重内容原创，主要通过推广达成用户规模的）基本在半年内可以实现赢利；原创号，包括全国原创号和地域原创号，基本在一年左右实现赢利。赢利的模式大部分是广告收入，如全国原创号的【视觉志】，如地域原创号的【上海头条】；有部分公众号的收入是广告和电商并重，如女性美妆类内容的【化妆师 MK－雷韵祺】，有部分公众号的收入则以电商为主，如母婴类内容的【小小包麻麻】。目前的市场现状，头部的全国原创大号的赢利水平已经很高，头部地域原创大号收入也十分稳定，中小原创号收入虽然比不上头部原创号高且稳定，但其收入解决生存和一些小的目标发展问题不大。

除了内容成本外，公众号媒体的发行和推广成本也是便捷和低廉的。微信 8.46 亿的日活用户，就是公众号内容传播的广阔天地。因为微信的社交功能，只要公众号用户乐于转发分享公众号内容，理论上说，8.46 亿用户都是公众号可以触达的人。此外，公众号媒体的传播，并不只局限于微信公众平台，头部原创大号，以及很多的原创号，其内容基本是对全移动互联网平台覆盖的。

以【科技每日推送】为例，作为一个头部的科技类原创大号，【科技每日推送】在全平台都做到了内容的同步推送：

（1）文章全媒体平台同步发布。

（2）原创视频主流视频平台同步发布。

而且经常出现的情况是，其在其他平台的某些推文的阅读数，还要远高于微信公众平台，比如，【科技每日推送】发了一篇《手势密码太简单不安全？这几个手势密码学会了能逆天》，在微信公众号上只有5万的阅读量，但在今日头条有200多万的推荐，36万的阅读量，在网易媒体平台有27万的阅读量。但毫无疑义，源发点在【科技每日推送】微信公众号。

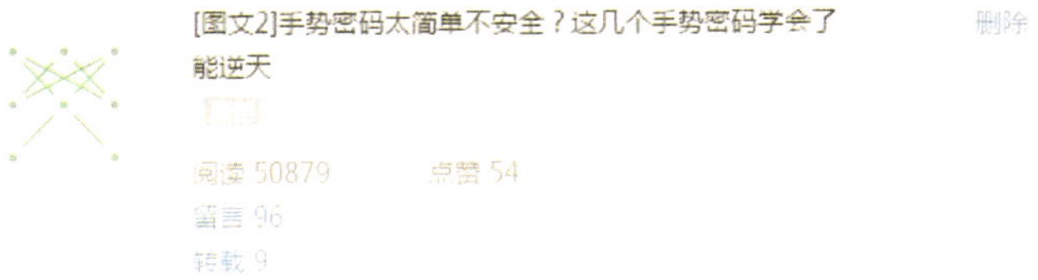

微信公众号上的阅读

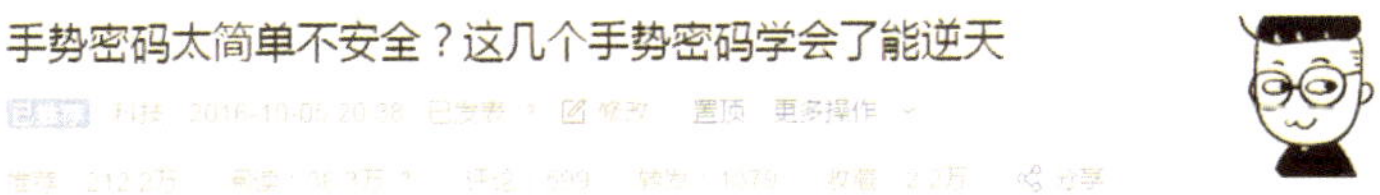

今日头条上的阅读

文章标题	发布日期	累计阅读数	跟贴数	分享数
1、手势密码太简单不安全？这几个手…	2016-10-05	271850	1713	320

网易上的阅读

前文我们已经讲述了国内外各个平台的类型和形态。这些平台的原型，就是来自微信公众号，包括它们的产品设计、运营规则等，基本都是从微信公众号演变而来，这让笔者又想起了苹果手机。目前所看到的智能手机，多多少少都带着 iPhone 的印记。

一个全新的媒体生态、一个全新的媒体有机生命体、一种全新的媒体商业模式、一次全新的媒体技术进步，这些都集中在微信公众号媒体里面，构成了一个全新的媒体物种。这个全新的媒体物种，以全媒体打通的原创内容为驱动力，通过新的媒体技术获得无限连接的能力，同时大大降低了内容生产和连接的成本，使生产力获得巨大的解放，形成一个高度去中心化、碎片化，拥有多样性旺盛生命力的媒体生态系统，从而诞生了一个全新的媒体产业。

根据公众号媒体的发展现状，结合中国内容媒体以往的类型，我们尝试划分过去 20 年和未来 10 年的媒体产业如下：

1995—2005 年：传统媒体产业有电视媒体、电台媒体、报纸媒体、杂志媒体。

2005—2015 年：传统媒体产业（电视、电台、报纸、杂志）；互联网媒体产业（PC、APP）。

2015—2025 年：公众号媒体产业（多平台覆盖）；互联网媒体产业（PC、APP）；传统媒体产业（电视、电台、报纸、杂志）。

新媒体的名称释疑及媒体的趋势

新媒体这个词，是在2015年流行起来的，伴随其产生的另一个热词是内容创业。2015年和2016年，全国各地都有很多大大小小的新媒体会议召开，但细心的观众会发现，绝大多数新媒体会议，唱主角的往往是公众号媒体人，而他（她）们讲的，也绝大多数是他（她）们的微信公众号内容创业主题。这让很多人产生误解：公众号媒体 = 新媒体。

在笔者看来，新媒体是一个广义的词，它的核心价值是“内容 + 连接”，只有做到二者结合，才能成为新媒体。它不具体代表哪一个具体媒体种类。一个仅仅具有“内容”属性，而没有“连接”属性的公众号，它绝不是新媒体，而是标准的内容展示的传统媒体；同样，一个只有“连接”属性，而没有“内容”属性的APP，它也绝不是新媒体，而是标准的互联网媒体；一个传统的报纸媒体，如果它既有传统纸质媒体内容，又有公众号媒体内容，同时做到了“内容 + 连接”，那么它也是标准的新媒体。

这里我们举一个例子，【人民日报】公众号，是中国第一大公众号媒体，它的公众号内容极其丰富，打通了全媒体形式；标题和文字非常接近时代潮流，最重要的是，它非常善于互动和连接。笔者经常说，做新媒体的最佳学习对象是【人民日报】，虽然它有些东西你学不来。

在内容上：每天清早，【人民日报】公众号的第一条推送，是一段音频“新闻早班车”。在这里，【人民日报】把中央人民广播电台的事情给办了，每天深夜的最后一条推送，是一篇“夜读”的鸡汤文章，在这里，【人民日报】把《读者》的事情给办了。在这一头一尾的推送中间的其他推送图文（【人民日报】公众号拥有每天 8 次推送机会，如遇到国际国内大事发生，则可以滚动多次推送。目前微信公众号只有【人民日报】拥有这个特殊性)，即涉及要闻、时政、生活、娱乐等方方面面，其中包含了视频、音频、漫画、表情图等多种媒体形式，而且很多文章来自授权转载。例如，我们的科技公众大号【科技每日推送】，就有多篇文章被【人民日报】公众号转载。

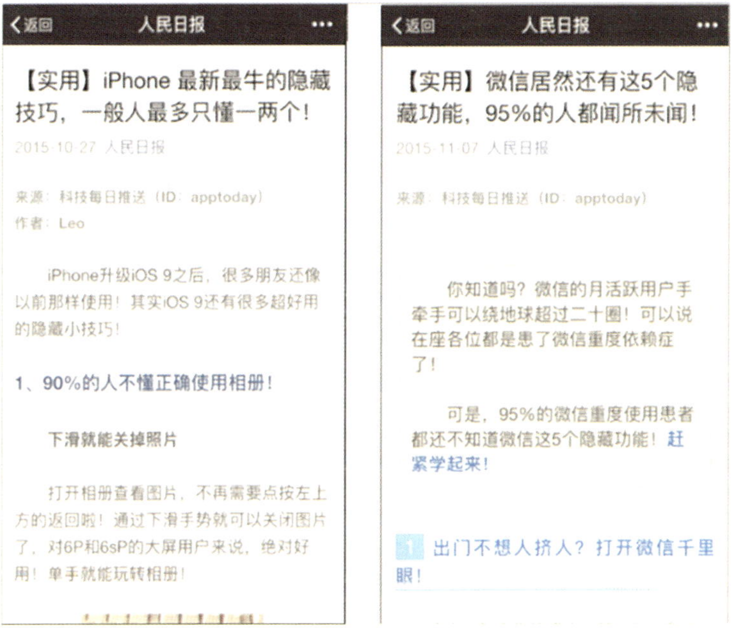

【人民日报】转载【科技每日推送】的部分文章

【人民日报】在内容细节处理上，有两个地方值得学习与称道。一是标题，非常接地气，非常活泼新鲜，而且根据内容不同展示不同语境和风格，而又能和谐统一在一个公众号里，如

“怎么证明你妈是你妈”这样的热刷标题，其发源地即来自【人民日报】。二是排版和字体，【人民日报】的字体选择比一般的公众号字体要大，应该是考虑了【人民日报】中老年人的阅读需求，同时因为其清新的排版风格，使得整体非常轻灵，也兼顾到了年轻读者的喜好。

在连接上，【人民日报】也做得非常好，除了一些特殊政策，如节假日发放红包，吸引用户外，其图文底部有很多的连接设置，内链外链、商城服务等不一而足。所以，传统媒体不会消亡，【人民日报】从我们印象中僵化死板的面孔，华丽转身为新媒体的佼佼者，风趣幽默、缤纷多彩，即是最好的例证。这样的变化，还体现在故宫博物院等文化单位身上；而传统媒体中的电台，在移动互联网年代不仅没有消退，反而因为它内容体量轻、移动传播性等特点，也非常容易转化为新媒体；互联网媒体的内容属性较弱，而内容需要时间的积累，所以它们在未来趋势中的位置会尴尬一些，但假如它们在内容上发力做强，那么它们天然的连接属性就会威力倍增，同样也会成为新媒体的生力军。

公众号媒体，有望成为新媒体的主力军，但这是从一个整体生态去说的。整体生态是由千千万万个个体构成，其中任何一个个体，不要以为自己做的是公众号媒体就是新媒体的未来，如果你不能理解和运用“内容 + 连接”的公众号属性，不能理解公众号的去中心化、碎片化的生态规律，不能理解“公众号”的“公众”两个字和“再小的个体，也有自己的品牌”这句话背后共享经济的规律，你就会在这个公众号媒体生态中渐渐消亡。哪怕你起了个大早，以新媒体人自居，新媒体最终和你也没有什么关系。

第七节
公众号思维

张小龙的产品哲学是：产品建立在对人性（个体）和生活（群体）的深刻理解上，以用户价值为依托和提升，随后建造系统，建立规则，最终让产品自生、演化为生态系统——“道生一，一生二，二生三，三生万物”，这便是一个生机盎然的生态系统的诞生、演化过程。

微信客户端的开机界面，是孤独的个体与孤独的星球的对视：

每个人对此的理解不同，最盛行的说法是那孤独的个体就是张小龙的身影，这纯属演绎了。笔者的理解，这表现了生态与个体的关系，尽管他们的体量相差如此悬殊，然而他们的身份、他们的灵魂是平等的，相互感应感知，相互成就对方。

什么构成了生态？由亿万个鲜活的个体的生活方式构成的。打开微信官网，你看到“微信是一个生活方式”，看到“再小的个体，也有自己的品牌”，看到的是微信作为生态的缔造者，对个体生活无处不在的尊重和倡导。

媒体源于生活，一切源于生活。如果个体不能在生活中发现美，只看到眼前的苟且，那么诗和远方从何而来？真正可贵的、美好的东西，诗和远方，就存在于我们日常生活之中。

就像《小王子》里面说的，“如果不去遍历世界，我们就不知道什么是我们精神和情感的寄托，而一旦我们遍历了世界，却发现我们再也无法回到那美好的地方去了。当我们开始寻找，我们就已经失去，而我们不开始寻求，我们根本无法知道我们自己身边的一切是如此可贵。”

因此，透过现象看本质，从生活中感悟伟大，才能体验、思考，才能提炼出真正的生活本质，从而创造媒体的价值，生活的价值。

公众号思维之一：尊重个体的生活，才有群体的生态繁荣

1. 认知微信个体

在微信之前，中国没有一款如此巨大体量、触达中国复杂

人口结构的互联网产品，也没有这样一款巨大体量的互联网产品会如此尊重个体。在微信里，普通用户是感受不到来自官方的干扰的，微信的开机界面，没有广告；微信不会给你推送任何消息；所有的服务，包括智慧城市、支付、购物、游戏、娱乐等，都被折叠进二级、三级界面，它们静静地待在那里，只有用户需要的时候，才会想起它们，使用它们。至于你的朋友圈，关注谁、和谁交友，都是你自己的选择，选择错了，你可以很方便地取消关注或者屏蔽。

这是个体的人在微信中自然自在的生活方式。

2. 认知微信公众号的物种个体

微信公众平台同样如此。这里的个体，是每一个公众号以及它背后的运营者，你可以选择个人主体或者企业主体，只是企业主体可以认证，认证后的权限也会多一些。除非你违反了微信的基本原则：如传播政治谣言、传播色情信息、抄袭造假、利诱分享、利诱关注等，否则公众号个体和微信用户个体一样，是感受不到来自什么官方干扰的。

当然，也不要指望官方给你什么特殊扶持政策。除了微信公众平台起步阶段，极少数一批内邀测试账号以及国家媒体单位获得些特殊待遇外，官方对公众号个体基本上是一视同仁的。

微信有8亿多活跃用户，有多少微信公众号呢？官方没有公布数据。有人说1000万，有人说2000万，也有人说8000万。但可以肯定的是，有过内容推送和更新的，数据在1000万左右。如同微信8亿多用户的每一个生活方式演化出生机勃勃的生态系统一样，1000 万公众号个体的运营方式演化出微信公众平台生机勃勃的媒体生态系统。

如果将微信生态比喻为广袤森林，微信公众号则是其中的一部分，是大生态中的小生态。《阿凡达》里面描述的潘多拉星球就是一个完美的自然自在的生态：上面的物种繁茂，物种之间有合作，也有竞争；有融和，也有杀戮。但无论生或死，都是一个自我演化、自然自在的美好生态，直到人类从外部的入侵和干预，才打破了生态的和谐。

公众号个体在微信这个没有被外界干扰的“潘多拉”星球里物竞天择、自由生长着，虽然有千万种生物，但主要种类分两种：原创号和流量号。其中，原创号又可以细分为全国原创号，如【视觉志】；区域原创号，如【南宁圈】；行业垂直原创号，如【科技每日推送】；个人原创号，如【黎贝卡的异想世界】。除了原创号和流量号这两种类型，公众号媒体还有一个见不得光的黑色物种：水号。

原创号注重内容运营，流量号注重流量运营。而水号，是公众号生物里最不堪的种类，他们抢注好听易记的、利于营销的公众号名称后，既不怎么做内容运营，也不怎么做流量运营，最大的法宝就是刷数据，从头到尾地数据作假，然后与生态外部营销界里同样不堪的一些生物沆瀣一气，用一个伪装的空壳，几乎等于空手套白狼地攫取了广告费用。

有人说，水号会劣币驱逐良币，深深伤害生态。笔者倒不这么认为：

（1）与原创号、流量号相比，水号毕竟是少数，随着第三方数据平台越来越成熟和丰富，只要客户加以鉴别，它们的生存空间会越来越小。

（2）当O2O、内容电商等收入开始在公众号体现，效果的指向，会让水号原形毕露，实现自然的优胜劣汰。

（3）最根本的原因，物种多样性是生态的最根本存在。一个生机勃勃的生态，是既容得下美好，也能容得下丑恶的，自然界、社会生活都是这样的生态环境，只是美好被肯定和褒扬，而丑恶被鄙视和惩罚。文明总是在曲折的善恶交织的过程中向善发展的。

除了这些必然存在的丑陋的生物个体，公众号的主流个体是原创号和流量号。原创号和流量号是相互交织的两个物种，很多流量号都准备向原创号转型，并且很多也在转型的路上。而原创号，也在学习如何高效合理地去获取流量。当然，还有少数一些原创号和流量号，如果内容和流量长期徘徊不前，或者出于龌龊的商业目的（如出现买卖公众号的想法，有些卖方就会提前刷量作假），也会开始习惯性地数据造假，这时候，它们已经沦为水号，沾染了病毒，不再是一个健康的公众号个体。

总之，公众号媒体行业和世界上的任何行业一样，都有良莠不齐的情况，特别是当行业开始产生利润时，鱼龙混杂，泥石俱下是不可避免的现象。想进入这个行业，就必须认知这些个体和群体，尽可能让自己专业起来。

3．认知微信公众号人的个体和群体

从事公众号的个体，来自五湖四海，身份各异，普遍的现象是，在从事公众号工作之前，他们大多数没有光鲜的阅历。这让笔者经常对比 1978 年改革开放后第一批的个体户、万元户。当年因为体制的开放，释放了惊人的社会生产力，掀起了中国 30 多年经济大发展的第一次浪潮。然而在 1985 年以前，作为第一批吃螃蟹的勇敢者，当年的个体户、万元户并没有得到社会的认可，他们的标签，更多是和投机倒把、缺斤短两、劣货假货等贬义词连在一起。直到 1985 年前后，一批民营企业（当时都是以挂靠集体的形式出现），如联想、万科、方正等的成立，中国民营经济才掀起第二波更加波澜壮阔的浪潮。经过 10 年的艰苦奋斗，在 1995 年前后，才被社会普遍认可。再到 2005 年前后，中国民营经济成为中国经济发展的急先锋，成长为中国经济的主力军之一。

潮起潮落、浪奔浪涌。2015 年中国经济进入一个新的转折期。第一朵浪花从哪里开始掀起？

这一次的转折，毫无疑问从媒体开始。而第一批的微信公众号创业者，就是历史性转折中第一批吃螃蟹的勇敢者。当前

微信公众号的从业者，来自各行各业，大致可以划分为四类人：

（1）1990 年左右出生，甚至 1995 年左右出生的年轻一代，广泛覆盖在原创号和流量号里，他（她）们在公众号媒体的占比，无论是从业人数，还是公众号拥有数、用户数，都是首屈一指，占比应在 50% 以上，如【武汉吃货】【吃喝玩乐 IN 广州】【不二大叔】【我走路带风】【我要 WhatYouNeed】【深度】【胡辛束】【深夜发媸】【好姑娘光芒万丈】等，他（她）们代表着公众号媒体产业最强大、最有活力，也最有未来的一股主要力量。

（2）来自传统媒体。他（她）们大多来自传统报纸、杂志和电视媒体，面临传统媒体急剧下滑，前途未卜的彷徨阶段，而微信公众号的出现，无疑为他（她）们打开了一扇天窗，代表性的公众号有【石榴婆报告】【黎贝卡的异想世界】【六神磊磊读金庸】【陈翔六点半】【毒舌电影】【书单】【咪蒙】【一条】【二更】【新榜】【新世相】【三表龙门阵】【化妆师 MK－雷韵祺】等；他（她）们的年龄都在 30 岁左右，代表着公众号媒体产业最强大的内容原创力量，但从业人数和公众号占比不会太大，在 10% 左右。

（3）来自互联网外的各行各业，年龄也在 30 岁左右，他们在公众号创业之前，既没有媒体，也没有互联网从业经验，但多数具有内容创作能力，如【十点读书】【视觉志】【财经早餐】以及【南宁圈】等一大批的优质地域原创号，他（她）们介乎于内容与流量之间，占比在 30% 左右。

（4）来自原来的微博从业者和个人站长，如【小小包麻麻】【奔波儿灞与灞波儿奔】【英国那些事儿】【冷笑话精选】【当时我就震惊了】【假装在纽约】【keso 怎么看】【望月】【环球旅行】等，占比应在 10% 左右。

公众号的运营团队都不大，以单一原创大号为例，30 号人已经是大团队，而做得好的原创号和流量号，有很多夫妻档、兄弟档、同学档，如同三十多年前第一批吃螃蟹，风尘仆仆的个体户，他（她）们大多出身草根，即使是从传统媒体出来的人，也多数是传统媒体里的非领导层，他（她）们共同的标签是异乎寻常的勤奋和努力、夹缝中求生存的敏锐和机智、面对质疑的谦虚和坚韧，拥抱新事物的胸怀和决心。

相较于 30 多年前的社会生产力的大解放，新时代也展露出新的特征，由这些坚韧的鲜活的个体组成的公众号人群，非常善于沟通和学习。从 2013 年开始，公众号运营者就非常热衷于抱团，2014 年后，各种打着新媒体名义，实际上是公众号运营为主的会议，在北上广深以及一些省会城市走马灯般召开，而私底下，公众号运营者的小范围聚会更是层出不穷，只是这种聚会很少为外界所知。从微博转型过来的运营者对此感触最深，【奔波儿灞与霸波儿奔】的创始人，在微信和微博两个领域都成绩斐然的苏州大禹科技的旷峰，就对笔者当面感叹过：微博都是各玩各的，极少交流，微信运营却仿佛时时刻刻都在不断地碰撞、学习和交流。这个特征，是由公众号媒体的恒动状态决定的。如前所述，传统媒体和互联网媒体是相对静态的，新陈代谢很慢；公众号媒体是相对动态的，新陈代谢很快。“士别三日，当刮目相看”的事情时常发生，不去学习和沟通，你可能就是一个永远的吴下阿蒙。

除了善于学习和沟通之外，这个群体还有一个特点，就是具有强烈的媒体自律性。你没有看错，是强烈的媒体自律性。所谓媒体自律性，就是坚持原创和用户价值。我们经常看到微信公众号散发谣言的负面新闻，比如“深圳西贝村民拆迁分红 2 亿元”之类的，但如果你接触到这个行业的核心，特别是一大批的原创大号运营者，你会发现他们非常“爱惜羽毛”，一切以用户价值为依归。这点特别体现在广告内容上，广告主不要说嵌入什么诱导关注的二维码，就是文章写得可读性不高，或者不符合公众号调性，都会被无情驳回，哪怕甲方出到再高的价格，也不会被接受。而以前的媒体，无论是传统媒体，电视、报纸、杂志上充斥着大量的虚假广告，传统互联网媒体的带头大哥百度更一度为万夫所指。这些中心化的媒体最后都失去了媒体的自律性，而去中心化的公众号媒体，却在原创号个体上，完成了媒体自律，原因无他，仅仅是因为这些原创号运营者们，好不容易争取到了一个媒体运营主体的身份，一块可以深耕细作的自留地，自然披星戴月、勤勤恳恳，爱惜若生命。

公众号运营者自嘲为“公号狗”，胼手胝足、宵衣旰食。很多人看不明白公众号媒体这个行业，是因为不了解这个行业的个体和群体，如果你了解他（她）们的勤奋和努力，了解他（她）们的好学与谦恭，感受到他（她）们鲜活的生命力，你就能听到从微信公众号媒体这一片郁郁葱葱、生机勃勃的森林里，不断爆发出来的坚韧不拔、茁壮成长的呐喊声。

公众号媒体这一新的媒体物种还处于婴儿期，婴儿最弱小，最容易被忽略，但生命力最旺盛。《道德经》说：“专气致柔，能婴儿乎?”改革开放初期稚嫩孱弱、不受待见的个体户们，引导出的民营经济发展，最终成为中国经济的中流砥柱。时至今日，主流媒体业界、学界，对公众号媒体几乎没有任何深入的认识、专项的研究，是因为他们脱离了对公众号个体的鲜活生命力的接触，没有对这些个体生命力的理解和尊重，自然就看不到这个群体生态的繁荣和未来。

中国的历史和传统文化，历来缺乏对个体的尊重，个体服从于血缘、家族和社会，个体的活力在长期的压抑后，整个社会便陷入了僵局，失去生命力。鲁迅的伟大，是因为他的文字对此进行入木三分的剖析。改革开放从经济上解放了个体的活力，从而达成了社会的经济繁荣；而移动互联网，特别是微信公众平台的出现，则是从文化上解放了个体的活力，最终实现的目标，是达成社会的文化繁荣。而要解放个体的活力，首先要从草根开始，才具有普遍意义，才能解放群体的活力，才是真正的解放。我们在公众号媒体的个体和群体中，看到了这种茁壮的活力解放，并最终造就了繁荣的生态。

微信公众号媒体从无到有，从有到繁荣，前后只有4年的时间。总体而言，这是一场庶民的胜利，来自各行各业最基层的创业者们，在没有借助任何外力的支援，没有任何先例可以参照的情况下，白手起家，艰苦奋斗，获得了令人瞩目的成绩。例如，【十点读书】的林少，从2013年就开始在微信公众号默默耕耘，在长达两年的时间里，坚持每天8篇原创文章的更新，没有任何的节假日，风雨无阻，直到2015年上半年才有所收成，拿到第一笔投资，开始建立自己的团队。今天的【十点读书】，已经是公众号生态比较罕见的单号超过1100万用户的超级原创大号，每天吸引上百万用户阅读，其线下的“十点读书会”遍布大江南北。笔者认为在移动互联网上，【十点读书】对于中国人阅读的贡献，可以媲美传统媒体时代的《读者》杂志。微信公众号对中国人阅读提升的贡献，离不开一大批像林少这样的运营者的努力和坚持，在微信公众号里从事文化阅读行业的创业者们还有很多，如【富兰克林读书俱乐部】【拾文化】等，据微信影响力报告披露，微信公众号的出现，大大提高了中国人的阅读数。

2016年3月，【企鹅智酷】公布了微信影响力报告。报告显示，微信公众号是人们获取资讯的重要途径。以微信为代表的社交平台，是新的媒体传播的核心渠道。近一半的微信读书用户认为，自己的碎片化时间得到了充分利用，35.8%的用户阅读量得到提升。①

正是这些扎根于生活的鲜活个体，促成了“再小的个体，也有自己的品牌”的生态繁荣。他们如同30多年前改革开放初期的先辈一样，在一个不被外界所理解，不断被外界所曲解的新的领域里，摸着石头过河，养活自己的同时，也不断创造着社会和生活的价值与尊严。那同样也是一场庶民的胜利，由千千万万的个体户，千千万万的普通劳动者一起创造出来的经济奇迹。今天的公众号运营个体和群体，生存、成长在一个去中心化的尊重个体、公平公正的微信公众平台生态里，他（她）们比先辈们获得了更丰沃的生存土壤，对艰苦奋斗和勇于创造的精神一脉相承，并且随着时代的进步，其形态更加缤纷多彩、丰富多样，更加自信与自由。因此，要理解微信公众号媒体，首先要尊重他（她）们每一个个体，了解他（她）们的生活状态，否则，你无法触达、感知这个群体的丰沛的生命力。如果你的目光不能穿越这些个体的多样现象，不能感受这些个体脉

---

① 企鹅智酷. 企鹅智酷丨微信影响力报告：47页PPT看懂微信五大业务［DB/OL］. http://mp.weixin.qq.com/s?__biz=MzA5NDMxMTAyMg==&mid=402733938&idx=1&sn=de14d96ecbde2ac6be9a99c8a4a3b6bf&scene=4#wechat_redirect

搏跳动的活力，倾听他（她）们的故事，理解他（她）们的情怀，你就无法去理解这些个体、这个群体、这个生态已经创造的和正在创造的以及未来将要创造的伟大价值。

阅读辅助书籍：《大江东去》《平凡的世界》《小王子》

公众号思维之二：实践比讨论重要，学习领先于思考

中国人的思维方式，想的比说的多，说的比做的多。晋代就是最典型的代表，清谈误国，遂使神州陆沉。王阳明提出“知行合一”，也挽救不了明朝百年后亡国于外族的惨痛命运。南明灭亡之际，在南京任礼部尚书的大文人钱谦益，要投水殉国，结果在水池里试了试水，来一句“水太冷，不能下”作罢，这执行力也是没谁了。

现在更容易空谈了，在朋友圈就可以周游列国，在键盘上就可以行侠仗义。2014 年 7 月，笔者开始接触微信公众号运营圈，诧异于这个行业的行动力。这是一个做的远远比说的多得多的行业，笔者熟悉的【新榜】的徐达内、【十点读书】的林少、【视觉志】的沙小皮、【任真天】的樊不凡、【不二大叔】的阿翔、【魅力上海】的五月、【豪哥说车】的猫老大、【南宁圈】的甄妙、【黎贝卡的异想世界】的黎贝卡、【化妆师 MK－雷韵祺】的 MK、【奔波儿灞与灞波儿奔】的旷峰、【书单】的新焱、【小小包麻麻】的老贾、【卡娃微卡】的老纪……很多很多，无一不是实干家、工作狂，两年前如此，现在依然如此；

我也接触过很多想进入公众号领域创业和从业的朋友，他们永远在和你讨教、讨论，两年前如此，现在依然如此，然后你只能称他们为行业外的朋友，因为他们根本没有做公众号，或者做了也三天打鱼两天晒网，怀疑这个、顾虑那个，最后不了了之。

除了公众号运营者的个体努力和勤奋的因素外，公众号媒体行业行动力和执行力异常强大的最根本原因，是微信公众平台培育了试错机制的肥沃土壤。所谓试错机制，是一个灰度体验的过程，即不预设非黑即白的结果，而是通过实践去试错、过渡和演化。这个道理很简单，也非常好理解，但执行起来却不容易，关键是成本问题。在微信诞生之前，腾讯可以让三个团队同时做微信，谁做得快，谁做得好，谁就胜出，但一般公司扛不住这个成本，更遑论创业者。如果不解决成本问题，试错机制、灰度体验就永远是大公司的专属权利，本身就是“说的比做的容易”的实际体现。

为什么做比说难？因为“说”没有什么成本，也不用承担什么后果。但是在微信公众平台，由于平台经营成本几乎为零，所以微信公众号是做比说容易，做比说重要得多。

首先做微信公众号，除了可以忽略不计的认证费，基本就没有什么平台成本了，图文推送，没有什么印刷成本、发行成本就可以展现在用户面前；文章标题起得不好、内容质量有所欠缺，下一篇图文，根据阅读数和用户的互动数，如点赞、赞赏、评论、转发、后台客服等，就可以进行调整。可以说，在微信公众号，“做”的成本很低很低。其次，由于微信公众号是微信生态系统演化出来的，而非规划出来的媒体物种，它是一个不断自我优化、自我进化的动态进程，它演化出来的很多形态，甚至出乎它的母体——微信官方的意料之外，微信官方只能根据其演化形态，不断做出规则完善和修补。所以，要说清楚微信公众号很难，只有通过不断地实践，才能捕捉到它的动态进程和路径，才能根据实践经验去调整公众号的内容和规划。

“学而不思则罔，思而不学则殆”，然而在公众号媒体，学习比思考更领先，实践方能领会，原因有二：

一是试错成本低，学习成本低；

二是公众平台是一个动态发展系统，新的功能、新的机制不断涌现，行业里每一天都会发生新的案例、新的热点，只有不断学习，把思考的包袱放下，才能最快地取得进步。

所以，公众号运营圈学习和交流的气氛非常浓厚。公众号媒体行业的人聚在一起，主要的话题都是如何理解和应用平台上的机制，别的公众号做得如何如何，有什么值得学习借鉴的地方，他们会根据自己的理解去迅速实践，一旦发现并不适合自己的发展，就会迅速地更正，转向谋求合作，而不是陷入苦思冥想，坐断愁城。

这个行业在经过 3 年的发展之后，互相之间的学习沟通，逐步演化出了互相合作参股的趋势，特别是 2016 年开始，各公众号运营主体之间，你中有我，我中有你，取长补短的现象普遍出现，甚至业内人士成立了新媒体基金，投资一些天使轮的公众号媒体项目，笔者把这种基金戏称为“公众号媒体人的公众号媒体基金”。这是“实践比讨论重要，学习领先于思考”的进阶版本了——以前一个个的个体做，现在一个个的群体一起做。学习、实践，在学习中实践，在实践中学习。唯有实践，才是学习的检验标准；唯有学习，才是实践的前进动力。

公众号思维之三：公众号运营思维，内容思维与流量思维的合二为一

内容思维的核心是原创，在人才培养、版权合作、IP 培育等方面，需要长时间的、细致的、开创性的工作。做内容的人都知道，一个人容易做出好的内容，并形成个人的内容品牌，但要带出一个团队、做出一个企业的内容品牌，是需要大量的工作组织和时间磨砺，需要练好内功，需要相对安静的生长环境的。流量思维的核心是效果，在商业合作、数据分析、获取用户等方面，需要高频次的、多样性、快速反应的工作。市场瞬息万变，需要与外界有大量的接触，需要练好外功，需要相对动态的生长环境。

传统媒体强调内容为王，原创内容是传统媒体内容王冠上最炫目的珠宝。微信公众号媒体的价值观，最重要的一点，是原创。在微信之前，没有一个平台如此强调原创精神，如此殚精竭虑、与时俱进地制定、修补、优化原创机制。如前文所述，张小龙围绕公众平台，强调的是“创造发挥价值”，而原创力，则能发挥最大的价值。

微信公众平台对于原创的权限开放，非常小心翼翼。在2015年5月之前，原创标识只对国家媒体和个人公众号开放，5月之后，才全面向公司认证的公众号开放。2016年5月，微信公布的数据是20万公司认证的公众号获得原创标识，只占千万公众号不到2%的比例。获得原创标识的公众号，也不代表就可以一劳永逸，因为违反原创规则，而被取缔原创标识的公众号不在少数，这让拥有原创标识的公众号非常慎用原创标识，如果一篇图文中的文字、图片、视频等，没有获得版权或者授权，就不敢轻易标识原创。

公众号媒体的立命之本，依然是原创内容，笔者经常会看到、听到很多具有原创能力的人，在公众号媒体领域运营得并不好，他们中有些人甚至很早就开始运营微信公众号，却起了个大早，赶了个晚集。2016年，随着微信公众号的发展脉络和商业模式越来越清晰，具有内容原创能力、具有文化产业经验的专业人士开始大批量进入公众号媒体创业，但鲜有优秀案例出现。根本原因，在于原创者的公众号运营思维，大多只注重内容思维，而忽视了流量思维。这个问题，在传统媒体年代一直存在，特别明显地存在于电视媒体。电视媒介代理和电视内容制作，是两个不同类别的细分行业，做代理的人，不懂做内容，着重关心的只是收视率、到达率等抽象数据；做内容的人，不懂做代理，面对数据的变化，除了喊出“万恶的收视率”这样的激愤口号外，束手无策。电视台通常会执行制播分离的经营政策，在体制内，内容制作和商业运营，往往是割裂的两个系统。

这里面深层次的原因，一是媒体的中心化机制，二是媒体的高昂成本。集约化的内容生产、封闭化的数据采集、专控性的发行渠道，一切都是自上而下的中心化控制，这导致了高昂的媒体门槛和成本，每个人只能做好自己的分内事，即使彼此关联极深的事情，也要分开运营。

互联网媒体，毫无疑问流量思维根深蒂固。效果是互联网媒体的唯一指向，所以互联网行业基本以理科生为主，技术是第一驱动力，但一大批眼花缭乱的效果广告术语，一大批似是而非的广告平台，却与媒体的本质——鲜活的内容生命力渐行渐远。

在传统媒体和互联网媒体的生态土壤里，这些思维方式根深蒂固，传统媒体人只注重内容思维；传统互联网媒体人，只注重流量思维。然而在微信公众平台去中心化的、“内容 + 连接”的品效合一的生态土壤里，必须具备内容和流量合二为一的运营思维，才能运营好公众号这一全新的媒体形态。

在原创号运营的过程中，经常会有一个误区，由于公众平台解决了技术和产品底层，使得公众号具备了强大的连接功能，以及使得公众号的原创内容天然具备了流量属性。当一篇图文在一个几万用户，甚至几千用户的原创号里出现 100000 + 的阅读时，运营者会沾沾自喜，期待着下一篇的爆文，然而他们很快会发现下一篇图文以及以后的图文，又会被打回原形，继续寂寞寥落。一个老道的公众号运营者，不会只关心 100000 + 的阅读数，而会关心 100000 + 阅读数的来源路径、关心 100000 +

阅读数带来多少新增用户，也就是说，老道的运营者会迅速从内容思维模式切入流量思维模式。

微信公众号的内容自带流量属性，反而会让原创者更深地陷入内容思维模式。笔者在一次行业会议上，就听到一个从传统媒体进入公众号媒体创业，具有非常优秀的原创能力的漂亮女主持人，非常迷惑于如何做粉丝做流量，最后坚定地认为自己既然不会做流量，就专心做内容，只要内容好，流量就会自然起来——这就是典型地被内容自带流量，导致深陷内容思维的例子。

小程序就是微信解决“内容+连接”的“连接”问题的一次革命性尝试，但笔者相信绝大多数的内容运营者，至今对小程序仍然一片茫然，也没有做出相应的布局。小程序是解决效果问题的流量思维产品，如果公众号内容运营者只注重内容思维，而对此不加以研究和布局，那么在公众号媒体这一全新的媒体产业里，必然是跛脚行走，步履蹒跚。

相比原创号运营者中很多人缺乏流量思维，而流量号运营者却都有一颗原创的心。流量号的运营者，毫无疑问是以流量思维切入公众号媒体产业的，涨粉、圈用户是他们工作的核心，由于他们多数是在微信公众号野蛮生长时期发展壮大的，所以尽管他们的内容缺乏原创性，却依然获取了巨大的用户基数。根据笔者对流量号运营者的一些接触和观察，发现全国从事流量号的运营者，几乎都在进行原创的尝试，有些早在两年前就开始，有些甚至投入了很大的财力、物力和人力。但是，正如内容思维结合流量思维很难一样，流量思维结合内容思维同样艰难。原创内容需要时间的积累，需要丰富的经验和人才，不是简单制定 KPI 目标就能培育出原创内容的。流量号运营者在原创方面做出了很多尝试，可实际效果并不太好，目前还没有涌现很多优秀的案例。尽管如此，在笔者看来，流量号运营者却更容易形成内容思维和流量思维合二为一的公众号运营思维，因为他们足够谦虚、足够努力、足够专注，并且他们大多享有了微信公众号发展初始阶段的红利，对微信公众平台有更多的感恩之心和深刻理解。相反，笔者所见的一些内容原创者，却多少有些恃才傲物，对微信公众号多少有些首鼠两端，多少有些莫名其妙的优越感，这些思想领域里的残垣断瓦，自然会磕磕绊绊地影响到他们公众号运营思维的建设和形成。

内容思维与流量思维，一静一动，一正一奇，融会贯通并加以灵活应用不是一件容易的事。《道德经》说，“孰能浊以静之，徐清；孰能安以动之，徐生”，便是动静融合应用的辩证思维模式。一个没有流量思维的公众号内容运营者，一个没有内容思维的公众号流量运营者，都不是这个全新媒体产业的优秀运营者，只有内外兼修，合二为一，拥有公众号运营思维，才能成为公众号媒体产业领域的真正运营高手。

公众号思维之四：将公司打造成为一个生态系统，让每一个员工自主和自然成长

唐代柳宗元的《种树郭橐驼传》，是一篇很有意思的文章：

长安西边丰乐乡，有个叫郭橐驼的种树人，种的树结的果都非常非常好，长安城中做园林和水果生意的都围着他转，别人想学他的方法却不得其门而入，于是有人请教他，郭橐驼说：“橐驼非能使木寿且孳也，能顺木之天以致其性焉尔。凡植木之性，其本欲舒，其培欲平，其土欲故，其筑欲密。既然已，勿动勿虑，去不复顾。其莳也若子，其置也若弃，则其天者全而其性得矣。故吾不害其长而已，非有能硕茂之也；不抑耗其实而已，非有能早而蕃之也。”

郭橐驼说的大致意思是：我也没有什么神奇方法，只是顺应树木的天性去培育它们，它们的根要舒展，培土要平均，土壤要用移植它们之前的旧土，捣土要结实，做这一切的时候，要像对待自己的孩子一样细致用心，做完这一切以后，我便不再担忧它们，不再管它们，而是任它们按照自己的天性自然生长。

有人继续问郭橐驼：把你种树的方法，用在为官治民上如何？橐驼说：我一个种树的，哪里知道为官之道？不过我在乡下，经常看到做官的特别喜欢给老百姓做动员，指挥老百姓干这个干那个，好像很怜悯百姓很为百姓着想，但实际上却搞得老百姓鸡犬不宁，这又怎么能使百姓安心繁衍生息呢？我想，我种树的方法，应该与好的为官之道类似吧？

郭橐驼其实不是在种树，而是在打造种树的生态。在这里，我们再次联想到微信打造的生态森林，“道生一，一生二”的产品哲学理念。在公众平台上，微信只是创造了天地，给予肥沃的根基土壤和机制保障，千万公众号如千万棵树木，它们顺应自己的天性生长，平台不会去干涉，而是让它们自然演化，结果一如郭橐驼种出的树木，形成的生态，树木茂盛，果实丰硕。

如何管理公众号媒体团队和公司，是摆在每一个公众号媒体运营者面前的难题。由于微信公众号创业门槛低，很多团队和公司在发展起来后，持续创造力成疑，工作效率降低，因而核心人员的流动性很大，有很多核心人员走上自主创业的道路。很多运营者想通过提高工资奖金、发放公司期权，甚至给予公司股权的方式去促进工作积极性，挽留核心员工，但基本收效甚微。

其实，这是所有商业公司的管理难题，只是公众号媒体运营者普遍非常年轻，绝大多数都没有公司管理经验，这使得管理问题更加尖锐地体现在他们身上。如同很多传统媒体单纯的内容思维和互联网媒体单纯的流量思维，在公众号媒体运营中容易失效一样，过往的公司管理思维，也在公众号媒体公司管理上失效了。我们需要新的管理思维，才能做好公众号媒体的公司管理。

首先，既然公众号媒体是一个去中心化、碎片化的大生态，那么生存、发展其上的公众号媒体公司，也应该是一个去中心化、碎片化的小生态。所以，将公司打造为一个生态系统，是公众号管理思维的第一步。

常见的公司管理模式，是老板把握方向，明确目标，发号施令，然后层层贯彻下去，监督和执行机制就是 KPI 目标管理。我们目前所看到的公众号媒体运营公司管理，大致如此。这种高度中心化的管理机制，带来的弊端显而易见：（1）老板方向一旦错误，公司就面临覆舟之险，目标越明确，船翻得越快；（2）老板方向摇摆，目标不清，公司就无所适从，船就一直在水里打转；（3）老板方向正确，目标明确，但一级一级贯彻下去，每下一级，都可能出现理解上的偏差，导致明确目标渐渐模糊，执行效率低下，船负重而行，走走停停。

这只是常见的弊端，而最大的弊端，如前所述，公众号媒体生态系统，并不是微信规划出来的，而是在微信创造的生态里，自身演化出来的。演化的生态的形态和发展，瞬息万变，中心化的管理决策模式，完全不能适应这种变化，也就是说，老板的方向可能会正确，但明确的具体的目标，从老板那里就不可能实现，也不可能随着市场的瞬息万变而调整更新。

根据笔者对公众号运营团队和公司的观察，发现一个有趣的现象，流量号的运营团队和公司，多少体现出一些“去中心化”的管理特点，但这种体现，未必是运营者的自觉，而是流量号的本身的天然属性使然。流量号通常要实现多号运营，而且众多公众账号，其种类、形态、跨度都很大，所以通常一个员工，就要管理 5 个甚至 10 个账号的内容更新，老板不可能给到清晰而具体的目标，只能由账号管理者自主发挥。流量号之所以成为公众媒体产业最有活力、最为庞大的力量，就在于运营者快速灵活，极快适应市场变化的管理办法。但流量号运营者一旦进入原创号领域，在原创号上就会不自觉地回到中心化的管理机制，导致成本过重，效率过低，成效甚微。

自主地去建造一个去中心化、碎片化的公司生态，是公众号运营者管理的基础。每个公司的做法都会有所区别，但主旨是一样的：去中心化并不是没有中心，只是让这个中心化于无形之中，果树繁茂的生态后面有一个顺应它们天性成长的郭橐驼，公众号的繁荣生态后面有一个提供土壤养分和运营保障的微信公众平台机制。同样，一个公众号媒体运营公司背后，有一个保证公司运作和福利机制的老板或者管理层，他们把握大致的方向，但不要制定太具体的目标，而是要让每一个员工，在公司大方向下，拥有目标的自主权和执行权。

这就引入了公众号管理思维的第二步：在公众号媒体公司的小生态里，也可以实现“再小的个体，也有自己的品牌”，让每一个员工都能发挥出自己的价值和潜能。传统的媒体和广告产业，像一部隆隆运作的大机器。在这部大机器里，每一个部门，每一个员工，都像是机器上的一个构件、一颗螺丝，运转良好时，能够高效产生效能，一旦市场发生变化，或者内部发生问题，机器老化甚至停转，所有的构件和螺丝、所有的个体也就失去了价值。在公众号媒体行业，每一个个体如果都只是一个构件、一颗螺丝，那么工作效率低下、个体流失就是无法解决的管理难题。解决的方法，就是把公司整体改造成一个去中心化、碎片化的生态，再建立起尊重个体的、发挥个体能动性以及对个体创造给予相应回报的管理系统。

没有微信公众平台去中心化、碎片化的生态，就不可能出现“再小的个体，也有自己的品牌”这样的公众号媒体产业系统。公众号媒体公司不能将自己打造成一个去中心化、碎片化的小生态，那么新的管理模式也无从谈起。

以笔者目前的公司为例，2016 年上半年是完全中心化的管理机制，公司设立三个中心，内容中心、营销中心和管理中心，由公司设立总目标，各中心设立分目标，层层贯彻下去。然而，实际情况并不理想，最后形成了三个独立的、割裂的体系，效率低下，即使实行了轮岗制，也没有什么帮助。

从 2016 年 9 月开始，我们开始模仿微信公众平台的机制，尝试新的管理方式。

首先，确定四条大原则：第一，不触碰政治底线；第二，不触碰色情低俗；第三，不能利诱欺诈；第四，不损害公司利益。其次，在四条大原则下，公司只提出大致的方向：专注于微信公众号媒体，做好媒体内容培育和媒体资源整合。此外，公司不再提出具体目标，而是将公司的人和事碎片化分解，实行事业群制，例如内容中心改为内容事业群，事业群下分解为事业组。以【科技每日推送】这个 240 万用户的科技类公众账号为例：8 篇图文推送分解为 8 个栏目，原来内容中心的 20 多号人马，分成 8 个组别，每个组别 2 ~ 3 人，比如资讯组、视频组、智能设备组、APP 组、电商组、漫画组等，原来的内容中心主编变为事业群负责人，其本人也要负责具体的一个组别。每个组别自主制定具体目标，事业群负责人只负责宏观的协调管理，保证公司 4 条大原则的落实和公司大方向的走向，除此之外负责人不能具体干涉各组别工作。各组别在完成【科技每日推送】科技大号各栏目工作的同时，孵化相关的科技小号，譬如视频组孵化了【奇偶工作室】的视频科技号，漫画组孵化了【漫谈手机】的漫画科技号，智能组孵化了【未来感】的智能科技号，电商组孵化了【三三拜物笔记】的3C电商号。实现这套内容机制后，各组别发挥了极大的积极性和创新性。各组别的孵化小号，都是由他（她）们自己命名的，有些还打上很深的个人烙印，如【奇偶工作室】，就是建立在【科技每日推送】的两个网红小编基哥和LEO的品牌基础之上的。

各小号与大号存在内容的关联性，又保持相对的独立性；各组别在大号相关栏目和各自孵化的小号项目上，拥有一定的栏目收益权和项目股权。我们通过这样的机制，让内容事业群的每一个员工都拥有了自己的品牌和收益，既和公司的大方向紧密结合，又发挥了每一个员工的价值。目前，我们的营销事业群和管理事业群，也在推进新的管理体系的改革。我们相信这是一个有趣而又艰难的过程，但我们只要向微信学习，向郭橐驼学习，我们就能打造出一个生机勃勃的公司小生态，让每一个个体都获得自主、自然的成长空间。

公众号媒体是一个全新的媒体产业，无论是现在，还是未来，都还会有很多新的东西涌现。我们对新的管理模式的尝试，也还有很多细节要落实和改变，但万变不离其宗，在一个去中心化的、碎片化的公司的小生态里，尊重每一个员工个体，给个体培育成长的土壤，让每一个个体都能顺应他们的天性自然成长，最终让每一个个体都拥有自己的品牌和收益，这是公众号管理思维的根本所在。

第二章
内容篇

微信公众号作为新的媒体物种，其独到之处，在于它第一次真正实现了表达的全媒体打通。文字、图片、视频、音频、动图、表情包以及各种新媒体工具在这里打破了技术区隔。更重要的是，这种全媒介的打通，实现了一种新型表达方式，即一切以表达为中心，所有媒介形式都不是割裂的，而是一篇推文的有机组成部分。

在微信推文里，表情包可以取代文字，动图和图片扩大文字增量，视频和音频也绝不是独立内容，而是与整体内容融为一体。

第一节
文字

文字是微信公众号较常见的形态之一。公众号上线之初，运营者就可以单独发送文字。随后，微信公众平台多次对图文消息功能进行了完善。

- 2013 年 1 月，微信公众平台提供图文消息的直接编辑功能，用户不再需要预先制作网页链接，可直接在公众平台编辑图文消息内容后发送，并能够为订阅用户带来更快的内容加载体验。
- 2013 年 8 月，编辑图文消息可选填作者。
- 2015 年 3 月 18 日，公众平台新增素材管理接口，对所有认证公众号开放。
- 2015 年 6 月 30 日，群发消息：提升图文消息曝光量 + 已群发消息新增发送对象详情。
- 2015 年 11 月 20 日，公众平台文章编辑器改版。编辑区域移到屏幕中央，编辑文章更方便。把文章标题、作者都放在编辑区域中，让编辑体验更完整与流畅。图文导航区增加上下移动图文功能。方便作者灵活调整图文顺序。多媒体区移到右侧，可以直接添加更丰富的内容。新增撤销、重做、格式刷功能。

- 2015 年 12 月 9 日，文章编辑器新增更为便捷的预览功能，优化长文章编辑器体验，并提升 IE 兼容性。

经过多次的功能改善，运营者能够更方便地用文字连接读者，传达他们的理念。不少人认为，碎片化时代深度阅读越来越难以被人接受，被取而代之的是短小精悍的文章，还有人认为微信公众号文章最适宜的长度为 500 ~ 1000 字，超过了这个字数大家就不爱看了。但在这样的大环境下，依然有不少坚持深度报道却十分受欢迎的公众号以及内容。

打个比方，文化类公众号的文章篇幅大多偏长，如【书单】【十点读书】【拾文化】等，但这并不影响其广受欢迎。此外，深度的新闻报道、人物访谈以及一些信息整合也多采用文字的形式表达。由于公众号的排版功能可以让偏长的文字看着更舒服，所以，人们在看几千字长文的时候也并不会觉得太累。

文字表情

文字不单单只包括纯粹的字体，还有我们常常用到的表情包。以前，我们在传达自己的态度和感情的时候多数用语气词以及符号等。随着微信表情包的火速风靡，我们更多地用表情来表达自己的喜怒哀乐。把表情运用到内容里面，让文章增添不少活跃有趣的氛围，也受到很多年轻人的喜爱。

第二节
图片

图片以瞬间、直接、真实的特点，充当着“点睛”的角色，它可以让人们“用很短的时间掌握最多的信息”，贴合现代社会和现代人的心理需求。

公众号运营者为了吸引读者，纷纷在图片的版面运用和质量方面下足功夫。其中，动图和漫画这两种图片形式给公众号增添了不少乐趣与活力。

动图

在微信公众号中，除了可以插入静图外，还可以插入表情图以及 gif 动图，这大大地增强了公众号的视觉效果，让画面更加生动有趣。

动图相对于静图而言，能够展现更多的画面，只要加上适当的文字解释，就能够赋予其特殊的意义，达到幽默风趣的效果。

漫画

漫画，被称为没有国界的世界语，并被西方艺术评论家们誉为“第九艺术”。漫画是有意义和好玩的一种形式，用户的接受度也非常高，离 IP 更近。

不知大家是否还记得 2016 年 4 月刷屏的《友谊的小船说翻就翻》漫画。这则漫画凭借简单有趣的语言和戳中萌点的画风，成功抓住读者的眼球，并引起了各类公众号的花式模仿，衍生出《公关人的爱情巨轮是怎样说沉就沉的》《网红之间的友谊小船，也是说翻就翻呐》《新媒体人友谊的小船咋说翻就翻了?》等众多版本。这则漫画也让“80 后”漫画创作者喃东尼火了一把。

这则漫画如此火热，或许就是因为漫画能够用轻松幽默的画风，直接或隐晦、含蓄地表达对生活现象的某些思考，以引起人们共鸣。

许多公众号通过漫画吸引了一大批粉丝，并形成了自己的 IP。比如，【同道大叔】就凭借刻画 12 星座的漫画形象一炮而红，并衍生出涵盖服装、家居、饰品、3C、文具、休闲食品、动漫、文化衍生品等各品类的产品，打造成为一个包含新媒体、话剧、综艺、衍生品、实体店等多条产品业务线的综合性泛娱乐文化集团。

母婴亲子类也很适合用漫画的形式进行展现，【大晨妈妈】【echo 小茵茵】【粥悦悦】【点点家的土小豆】等公众号都凭借各具特色的漫画斩获了一大批的忠实粉丝。

【科技每日推送】在 2016 年也花了更多的心思在漫画上。他们设定了两个邻家大男孩的漫画形象，让他们给用户分享自己了解到的高科技，使用手机和微信中的一些技巧。

鲜明的漫画形象，能让公众号更具辨别性，也更有利于打造公众号的 IP 和品牌。

第三节
音频

音乐是一种很神奇的东西，它不仅可以表达我们的感情，还可以影响我们的情绪与心情。比如，一段低沉、伤感的小提琴独奏会把我们带入低落、惆怅的情绪；一曲清新、欢快的钢琴曲会让我们心情顷刻间欢畅；一首高亢、激昂的进行曲会振奋人心；一段安静的小夜曲最适合夜间沉思，回忆往事。

2015 年 6 月 5 日，公众号图文消息新增插入音乐的功能，面向所有公众号开放。公众号运营者可通过该功能，跟用户分享音乐或歌单。

该功能出现后，用户就边听音乐边看文章了。不同风格的文字配上合适的音乐，能够更好地将读者带入文章中的情境。

音乐功能上线后，不少运营者认为，如果能够在文章中播放自己录制的语音，讲述自己的故事，会更加动人，同时也更具辨识度。

2015 年 7 月 10 日，公众号文章新增了语音功能，运营者可以在编辑图文消息时，在正文中添加语音。可以添加语音功能后，不少公众号加入了 FM 音频元素，用声音和文字治愈每一个孤独患者，并获得了不错的成绩。

- 【小北】5 个月粉丝破百万，头条阅读量一般在 20 万 ~30 万，基本每个月都有两三篇 45 万以上的爆文。
- 【青音】从第一篇 800 多的阅读量做到 10 万 +，只用了不到 3 个月，目前粉丝量已超过 100 万。
- 【一个人听】仅靠主播每天的晚安语音，14 个月聚集 50 万粉丝，头条阅读量基本 10W +，粉丝日均净增数在 4000 +。

第四节
视频

相比于图文，视频更能够充分调动大家的感官系统，让大家产生共鸣。此外，由于视频能够将人物形象、卡通形象等直观地展现在受众面前，即便是被抄袭、盗转，也丝毫无损于打造“IP”的过程。

微信公众平台支持上传腾讯视频以及接收微信小视频，让短视频创业迎来了春天。

2016年年初，【papi】凭借视频一炮走红，宣告着UGC短视频这一全新内容体裁正式崛起，其视频贴片广告拍出了2200万元的高价。

在这股浪潮下，越来越多的公众号投入短视频怀抱，开始了摸索的旅程。

2016年7月18日晚，微信公众平台上线视频数据分析功能，后台可在图文分析模块查看已群发图文中的视频分析数据，包括播放数趋势、播放时长分布、拖拽分析和观看时间分布。

通过这一系列的数据，公众号运营者能够更好地判断视频做得好不好。而通过对拖拽起点和拖拽终点的分析，也可以了解到哪些画面最常被用户跳开，从而对细节进行调整与优化。

此次数据分析出来后，广告主不仅可以了解视频播放数趋势，还能够了解视频的拖拽数据，判断其插入的视频贴片广告是否被大家跳过，以评估广告效果。而这，或许会让更多的广告主试水视频广告。

第五节
内容的设计

大家都喜欢说，这是一个看脸的社会，对公众号而言，好的排版与设计也会让内容锦上添花。

图片

微信中的图片一般包括封面（头图封面和小图封面）、顶部关注图、结尾关注引导图、内文配图。这几种图片各司所职，在每一个位置上发挥不同的作用。

1. 封面

无论是在公众号里打开，还是在转发消息和在朋友圈中浏览，标题和封面图都一定会有的。好的封面图可以吸引大家点击文章阅读，也就是提高文章的打开率。而封面图选得不好，就会给人一个很差的第一印象，甚至会让人觉得这个封面这么low，内容肯定也不怎么样。所以，对于封面的制作，我们还是要重视起来。

制作封面图应该注意的几个方面：

（1）按照固定的尺寸制作图片。封面图分为头条封面图和其他条封面图，头条封面的尺寸通常为900mm×500mm，其他条的封面尺寸通常为200mm×200mm。如果记不住封面图尺寸，也可以打开PPT，选择版式为16∶9，那就已经是一个封面模板了。

（2）封面图片的主要内容要尽量居中。分享时，微信后台会自动截取封面图居中的正方形内容，图片居中后，精彩内容更容易被读者看到。我们可以自己在PPT里面画一个正方形，并放在页面正中央，这样我们就可以提前看到转发之后封面的样子了。值得注意的是，插入矩形时按住Shift键，即可画出正方形；在视图工具栏找到参考线，即可确保居中。

（3）封面图要尽量选择干净、色彩统一的图片。多图文的封面图片，可以通过设计使其更美观。微信自带的次条封面是正方形的，但不少公众号将其设计成了圆形，视觉效果会更好一些。

总结：封面图首先要注意尺寸，确保大家看到的图片是完整不变形的；其次，要选择一个背景干净、重点突出的照片，如果有能力的话，我们可以做出来一个模板，对它进行一个简单的加工，加上公司或者是一些品牌的印记，这样更能增加公众号的辨识度。

2. 顶部、底部引导图

顶部关注、底部二维码和拓展阅读都是属于引导读者来关注的，虽然都是小细节，但做得好的话，可以提高读者关注的概率，也就是提高所谓的转化率。

（1）顶部导航图。

一点击进去微信文章，人们首先看到的就是顶部引导图，考虑不影响正文的阅读体验，通常采用横条式的图片，不占用太多版面，用较简洁的元素搭配。

（2）底部引导图。

由于是在文章的末尾，底部引导图基本上是花样百出，且不用过多考虑版面的大小。力求让新用户看到的时候，能够快速知道到你的定位、账号信息。

底部引导关注通常会用 gif 图的形式表现，往往带有二维码或者引导置顶的标志，当然，底部图片的基本信息（比如公众号名称、ID 等）是不能丢的。

（3）正文配图。

文章中的图片在挑选时要尽量选择与文章内容相近的图片。在挑选这些图片时也要注意图片内容、色彩冷暖的一致性。并且正文图片一定要与文章封面图相呼应。

正文排版

虽说有一些粗糙的排版风格依然会有10W+的阅读，一些公众号大V如【和菜头】【三表龙门阵】【六神磊磊读金庸】等没在排版上怎么下功夫，依然获得大家的共鸣与转发，但好好研究下排版还是很有必要的，先不说内容好坏，有创意的排版风格或许还能成为公众号的IP，能让人在千万个公众号中一眼就记住你。

正文排版的规范

（1）正文小标题的制作。

为了区别正文，小标题要尽量醒目并与正文在距离和大小上区分开来，一般区分方法有：

- 加大行间距区隔，一般在小标题和正文之间空一行；
- 改变小标题字体颜色；
- 改变小标题字号大小。

（2）字体大小。

文章正文的字号最好在14～18px之间。文章篇幅较长，字体可以稍大一些（16~18px）。比较偏“文艺范”的文章字体可以适当稍小一些（12~14px），显得文章更精致一些。

（3）行间距与字间距。

正文行距选择 1.5 或者 1.75 看起来会比较舒服，1.0 的行距看起来会比较挤。运营者可以用 Ctrl+A 选中全文后统一设置。

（4）两侧留白。

有些公众号会选择在两侧留白，显得比较精致，而且这样视线移动范围减小，读起来更轻松。这个功能可以在外部编辑器中实现。

（5）移动端的文章均无须首行缩进。

传统印刷以及 PC 端屏幕较大，较宽，为了方便识别出文章的开端，首行默认缩进 2 个字。而在移动端，由于屏幕比较狭长，首行缩进没有必要，而且还会使段落看起来不整齐。

第三章
连接篇

随着微信开放进入新的阶段，微信已经不仅仅是一个单纯的连接人与人的即时通信工具，还可以连接人与物、连接资讯、连接商业，连接任何可能连接的东西，让线上线下交互融合。

微信公众号打破技术阻碍，将所有能够利用的地方连接起来，给内容提供了更多的去处，让内容能够存活得更加长久。同时，其技术底层又让微信公众号的内容天然就具有了商业属性，不仅内容本身可以变现，更重要的是，它把内容与电商之间的隔阂直接打掉，提供了无限商机。

提供了基础的技术底层后，微信还提供了无限种可能性给第三方去开发，所以我们会看到各种基于微信生态圈的第三方平台，比如，第三方编辑器，H5 制作器、表单生成器等，所有的这一切，都可以让用户拥有更好的体验。

针对不同对象的不同需求，公众号又分为订阅号、服务号、企业号、小程序（即张小龙在 2016 年 1 月提到的应用号）等。如前所述，就市场情况而言，订阅号等同于公众号，是微信公众平台的媒体系统，而服务号、企业号和小程序，都是公众平台上专注于服务的工具系统，而由于公众平台自带用户身份、支付工具、营销渠道等独特资源，并且跨平台，这让公众号在很多领域有着独立的 APP 无法替代的优势。

第一节
帮内容找到更多出口

一篇文章推送后，阅读高峰期一般就在前 3 天，微信官方数据统计的也仅仅是文章发出后 7 天内的数据，说明经历过 1 周，一篇文章几乎会被用户遗忘。但微信其实提供了不少的渠道以延长内容的生命力，如果运营者能够将这些充分利用起来，或许能够让内容得到更持续的发展。

历史消息

公众号本身提供了“查看历史消息”的渠道，用户只需要点击公众号右上角的小人头，点击查看历史消息，就能够看到过往的所有文章，让大家迅速了解一个公众号的内容、排版风格等信息。

自定义回复

有些人或许会认为“查看历史消息”的入口远远不够，那也可以通过自定义回复功能，在人们关注后提示大家查看历史消息，也可以引导用户通过回复某些关键字获取特定内容，让公众号的内容得到更持久的传播。

菜单栏

2015 年 2 月 12 日，公众平台全面开放自定义菜单。2015 年 4 月 13 日，公众平台自定义菜单功能优化上线。运营者可以在自定义菜单中加入历史消息或者以往的文章，进一步提高曝光率。

文字内链

2015 年 2 月 13 日，公众平台新增页面模版功能和图文消息正文可插入历史群发链接功能。

通过这个功能，大家就能将相关文章链接回去，一来是方便大家查看以前的文章，更好地理解内容，二来是延长内容的生命力。

阅读原文

除了文字内链外，大家也可以在阅读原文处加上以前文章的链接。2013 年 1 月，增加了原文链接的链入功能，用户可以在编辑正文时附加原文链接。

不过，由于阅读原文能够放外部链接，更多的人倾向于将其作为广告入口或者是电商入口，而不是放置原文的链接。

列表页

2015 年 2 月 13 日，公众平台新增页面模版功能。通过该功能，公众号可以将所有的文章放在一起，并加上关注字眼引导大家关注公众号。

搜索功能

事实上，微信一直在搜索上进行优化和布局，希望借此培养用户的阅读习惯行为。而这也为公众号的内容提供了更多的分发渠道。

第二节
将内容和商业打通

时至今日，拥有8亿多用户的微信已经不仅仅是一个超级APP，还打造出了一个微信生活方式，通过微信支付、微信Wi-Fi、摇一摇、卡券、扫一扫等功能，打通了线上线下多个生活场景，成为用户生活的一部分。

支付

在腾讯的移动战略中，微信支付承载连接一切的能力，其目的是通过微信支付的全面开放助力传统企业的互联网化。

微信支付发展历程：

> 2013年8月，腾讯推出微信支付，打通了线上、线下资源，令移动端的消费、支付更便捷，使微信商业化成为可能。
>
> 2014年3月4日，微信突然抛出“重磅炸弹”，表示其

支付接口即日起对通过微信认证的服务号开放。

2015年4月30日，微信公众平台对认证的政府与媒体类订阅号开放申请微信支付的能力，可以点击左侧导航“微信支付”进行申请。

2016年春节，部分（极少数）订阅号也能临时开通微信支付功能，通过公众号图文、菜单栏等不同流量入口，给自己的用户直接发红包。

1. 微信服务号开通微信支付的意义

微信支付对通过微信认证的服务号开放，意味着微信支付迈出了开放的重要一步，可为未来基于微信的移动商家提供全新的支付能力。微信商业化闭环初成，腾讯打造的移动电商航母更有实力与阿里电商帝国叫板。

微信服务号支付功能的放开，给人们带去了许多便捷：

（1）移动购物更加方便。服务号打通支付功能后，用户可以直接在品牌商家的服务号中下单，直接用手机支付，等待商品发货，减少支付流程。

（2）挂号看病更加便捷。用户只要关注医院的服务号“京医通”，就可以在微信上轻轻松松完成挂号、支付、候诊、缴费等多项手续，免去拖着病痛之躯却还要忍耐等待的煎熬。

（3）解决停车难、找车难、缴费排队难等让所有司机都头痛的问题。比如，微信智慧停车场以“公众号 + 微信支付”为基础，具备了车位查询、停车缴费、周边服务等功能应用，将减少用户约65%的停车时间，并有效改善停车场的运行效率和服务质量。

2. 基于微信支付的公众号内容电商

基于微信支付，有赞、微盟等微信第三方服务商开始出现，公众号接入这些第三方服务平台后，就可以在公众号中建立自己的商城，充分利用公众号的多余流量。

比如，不少公众号会在菜单栏中放置微商城，用户只要点击菜单栏，即可进入商城查看商品。点击对应商品即可查看详情页，用户可以直接在详情页中下单并完成支付流程。

以文化号【书单】为例，其在菜单栏“买买买”中，接入了自己的微商城，大家可以在上面挑选各种文化产品，只要按加入购物车，即可轻松买单，等待货物到达，十分便捷。

卡券

微信卡券功能是公众平台向有投放卡券需求的公众号提供推广、经营分析的整套解决方案，是“微信卡包”的重要组成部分，是连接商户与消费者的新渠道。

微信卡包在微信中享有固定的二级入口，可以便捷收纳各种类型的卡券，方便用户使用，而且微信还有“过期红点提醒”的提示，微信卡券还有分享和转赠他人的功能，这大大加强了商家与用户、用户与用户的联系，构建起了O2O的商业闭环。

所以，卡券可以理解为一个连接工具，拉近了商家和消费者的距离，并降低了这过程中的人员及推广成本。起码消费者不用到店就可以轻松领取卡券，也不用担心卡券过期或遗失而错过优惠，大品牌可以通过优惠吸引消费者到访，中小商家也不用大量雇佣人员进行街道派单以及各处粘贴广告做推广。

微信卡券分为普通优惠券、朋友共享的优惠券、会员卡、微信买单等几种类型，接下来我们将对朋友共享的优惠券、会员卡、微信买单几项做详细的说明。

1. 朋友共享的优惠券

2015 年 11 月 8 日，微信推出优惠券新功能：朋友共享的优惠券（以下简称“朋友的券”)。可利用社交链快速扩散传播，一人领券，本人和朋友皆可看到并使用。

用户可在线下门店获得商家发放的“朋友的券”，领取则共享给朋友，券会同时展示在自己和朋友的“优惠券”中，若被朋友使用，则会通知原领取人，并从领取人及其朋友的列表中消失。

即使自己不曾领取优惠券，用户也可在微信—“我”—“优惠券”中，查看朋友共享出的优惠券，并选择使用。朋友间兴趣爱好和消费习惯往往更相似，线下消费后共享出的优惠更值得信任。

2. 会员卡

在 2016 年 5 月的微信公开课第五季北京站活动上，微信团队在现场正式宣布升级微信会员卡功能，并宣布推出“支付 + 会员”的解决方案，助力商家打造自有会员体系，提升各环节效率。凡是符合会员卡开放类目的卡券商家都可以申请升级后的微信会员卡。

具体来说，微信会员卡功能此次升级实现了“会员卡、公众号、微信支付”三大功能模块的连通，这意味着商家通过使用微信会员卡，能够实现会员与公众号粉丝之间的转化，也可以将微信支付的使用者吸引为会员。

该功能的开通除了弥补实体会员卡携带不便、易磨损、易丢失的缺陷外，线下购物时，用户点击进入“卡券”后，可以看到附近门店的会员卡，这点为用户的购物提供了大大的便利。

除了线下的商家在利用公众号沉淀用户、活跃会员，现阶段也有不少公众号在试水电商，全面的用户画像显然对两者都有极大的帮助。

同时，微信会员卡此次的升级，也给微信支付带来了更多的可能性。

“微信支付 + 公众号”智慧生活解决方案，已覆盖零售、餐饮、医疗、景区、酒店等 30 多个行业，接入全国超 30 万家门店，这些都为微信会员卡提供了强大支持。

3. 微信买单

2016 年 9 月 27 日，微信支付正式推出“微信买单”功能，商户无须开发，一分钟即可上线收款。

同时，“微信买单”也面向服务商全面开放，服务商可以借助免开发的“微信买单”，快速地拓展中小型商家，并享受微信支付给予的经费、物料、技术扶持。

开通微信买单只需以下几步，方便快捷：

（图片来源：【微信公开课】）

随着接入门槛的再一次降低，开发能力不足的中小商户和服务商将彻底甩掉技术包袱。可以预见的是，微信支付覆盖门店也将迎来又一轮的爆发性增长，“无现金”也将持续深入各行各业的“毛细血管”中。

微信通过“卡券”功能将用户的虚拟会员卡、优惠券直接展示出来，实现了会员卡就能买单的“一步到位”。

我们不妨假设，如果不久的将来，订阅号也开通微信支付功能，并与会员卡等功能相结合，其便捷将不可言喻。

订阅号有庞大的用户基础，如果大家可以直接在上面购物，将减少中间的交易流程，培养更多用户养成使用卡券功能的习惯，同时将用户真正从一堆实体卡中解放出来。而且智能的会员卡，还能根据用户的位置自动置顶，方便使用。

扫一扫

2016 年 5 月 18 日，微信扫一扫（公测）开放商品条码、二维码（一物一码）的连接能力。品牌开通该功能后，可自主编辑商品主页，维护商品信息，提供相关服务，进行用户管理和数据管理。

根据微信的公告，微信扫一扫开放了商品条码的连接能力。也就是用户扫商品条形码即可实现了解商品详情（品牌商可以自行编辑）、购买产品的目的。此外，其还可以让品牌自主编辑商品主页，维护商品信息，提供商品相关服务，进行用户管理和数据管理。简单来说，就是品牌商只需在公众号后台就可以实现对商品相关的管理。

在公测阶段，符合以下三项条件才能操作此项功能：

- 必须开通微信认证
- 必须为品牌所有者
- 商品条码的合法使用者（目前仅支持以69开头的EAN码制）

“扫一扫”将微信端变成物联网的入口，通过条码编制，任何商品都能进入互联网空间进行交易。相比较而言，这个的价值空间更大。

试想一下，如果所有线下店的商品通过微信扫一扫条码就可以直接支付结算，超市将不再拥挤，想买的东西只要一个条形码就可以解决，如果再搭配微信Wi-Fi、微信卡券、微信会员卡等使用，这个空间可以有多大？

第三节 小程序：流量思维的内容化

“小程序”是什么

小程序，实质上就是2016年1月11日微信公开课中张小龙提到的应用号。据说，微信在透露要做应用号的消息后，就跑去同步申请了“应用号”的商标。

但是，2016 年 9 月 21 日，微信开始内测新功能，并没有用“应用号”这个名字，而是赋予了其一个更加亲切的名字——“小程序”。

据微信官方解释，小程序是一种不需要下载安装即可使用的应用，目前和订阅号、服务号、企业号是并行的体系。微信小程序是一种全新的连接用户与服务的方式，它可以在微信内被便捷地获取和传播，同时具有出色的使用体验。

2016 年 11 月 3 日，“小程序”正式进行公测，开放的内容包括：

- 开放注册范围：企业、政府、媒体、其他组织。
- 开发支持：提供一系列工具帮助开发者快速接入并完成小程序开发。
- 开发文档：介绍小程序的开发框架、基础组件、API 及相关开发问题。
- 开发者工具：集成开发调试、代码编辑、小程序预览及发布等功能。
- 设计指南：提出设计原则及规范，帮助建立友好、高效、一致的用户体验。
- 运营规范：介绍微信公众平台小程序的审核标准及运营规则。
- 小程序体验 demo：可体验小程序组件及 API 功能，

并提供调试功能供开发者使用。

微信为什么要做“小程序”

在说微信做“小程序”的原因之前，不得不提张小龙在年初的微信公开课上分享的微信的四个价值观：一切以用户价值为依归；让创造发挥价值；好的产品是用完即走；让商业化存在于无形之中。

目前来说，微信公众平台的形态包括：订阅号、服务号、企业号。其中，订阅号主要用于获取资讯，服务号主要用于提供服务，而企业号主要用于企业管理。

但是，就像张小龙在微信公开课说的，服务号发展的状况并没有想象中好，为了更好地满足用户需求，微信需要提供另一种能力，更好地满足人们需求。于是，小程序应运而生。

小程序的关注点

小程序的消息出来后，不少人说，新一波的红利期即将到来，但在抓住红利期之前，需要先透彻地理解小程序。

（1）个人主体不能注册。小程序目前只对企业、政府、媒体和其他组织开放注册，个人主体暂不支持注册。

（2）微信上能在哪里找到小程序。关于小程序的入口，大家众说纷纭，主要猜测如下：

• 手机桌面：11 月，张小龙的朋友圈截图流出，其炸裂的手机桌面上满是微信开发出来的小程序。

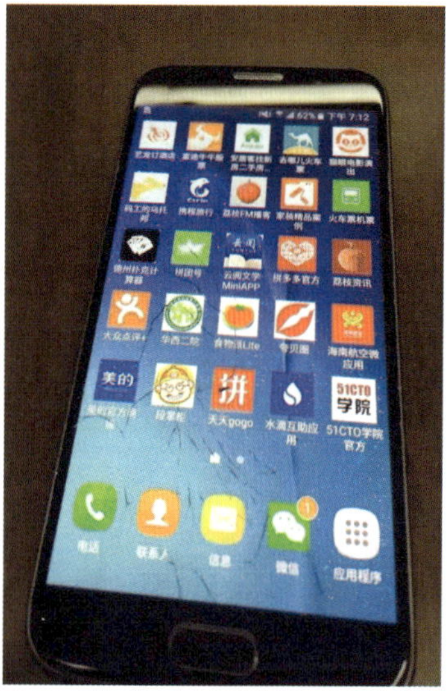

• 二维码：也就是说任何商家只要在门口或者桌子上来一个二维码，你微信一扫，就直接进入微信小程序了。

• 搜索：微信搜索框作为流量入口，意味着一个好名字会带来很多的自然流量。小程序的名字应该会有品牌商标保护限制，防止一些品牌名被抢注。同时，全平台唯一命名的规则也能在一定程度上减少了恶意抢注的情况。

• 发现栏：与专门为京东开辟的“购物”栏同级，小程序有可能放在发现栏中的“游戏”选项下方。

（3）开发成本绝对比你开发 APP 低。据介绍，小程序的前端开发成本极低，因为微信已经解决了兼容性问题，前端工程师只需要按照规范去开发。此外，小程序还自带模板库。

（4）微信说不支持小游戏、测试类内容。小程序运营规范中表示，不得含有小游戏、测试类（算命、抽签、星座运势等）、恶意营销和垃圾信息等内容，否则将有可能不通过审核。

（5）版本更迭每次都得审。和订阅号、服务号不一样，小程序的每个版本更新，都必须通过微信审核。这估计也是为了防止小程序变成恶意营销的工具。

小程序将带来哪些变化与机遇

小程序可能迎来以下机会：

（1）微信公众平台上半场，公众号生态造就了文科生的天下；下半场小程序生态将造就理科生的天下，未来的技术和产品开发人员会体现出巨大的价值。

（2）产品经理和产品运营岗位尤为重要，公众号媒体从来缺的就是"创意"，如何设计好玩实用的小程序把用户圈进来，如何设计流畅的交互体验，如何在小程序里将用户画像描绘出来，如何沉淀用户，如何传播……这些都不仅仅是技术人员能解决的问题。品牌营销想要用小程序玩出更多花样，在创意设计上要更下功夫。

（3）小程序培训。这个就不用多说了，既然是新鲜事物，必然会有一大批人想要抓住红利期，此时，各种培训必然会火。

此外，对于产品和运营能力都具有很大的挑战，除了会开发，在内容、用户、营销等方面如何做好用户体验、实现品效合一也是值得好好思考的问题。

手把手教你注册小程序

1. 在哪里可以注册

在微信公众平台官网首页（mp. weixin. qq. com）点击右上角的“立即注册”按钮，选择小程序，填写邮箱和密码，即可注册。

2. 注册需要注意什么问题

- 不管此前有没有注册过公众号，一个手机和微信号都只可以注册五个小程序账号。而且邮箱需要是未注册过公众平台、开放平台、企业号、未绑定个人号的。
- 值得注意的是，小程序邮箱验证链接只能点一次，第二次会失效，并且该邮箱无法再注册。
- 主体一旦填写，不可更换。认证通过前，小程序的资料填写和版本发布等部分功能暂无法使用。

- 选择“向腾讯公司打款验证”的用户，需要在10天内向指定的收款账号汇入指定金额。

- 重视服务范围，注册小程序时如果对已选定的服务范围不满意，可对服务范围进行更改，一年有一次机会。如果选择了特殊行业的服务类目，需要提供资质材料提交审核。说到底，小程序就是要连接用户和服务的。

- 全平台唯一命名规则适用于小程序，也就是说，小程序的名字不能与现有的订阅号或服务号的名字相同。“微果酱”注册个小程序看来得加堆后缀了，蓝瘦！

- 已认证的小程序可以绑定不多于20个开发者。未认证的小程序可以绑定不多于10个开发者。

3. 注册时需要备齐的资料

- 一个未注册过公众平台、开放平台、企业号、未绑定个人号的邮箱。

- 注册主体的相关信息（包括企业名称、经营范围、营业执照注册号等基本消息以及营业执照的扫描件）。

- 管理员的相关信息（包括姓名、手机号码等基本信息，身份证照片扫描件）（正、反面）。

- 下载微信公众平台认证公函（需要加盖法人私章或法人签字）。

- 300元的认证费用。

- 开增值税发票所需资料：纳税识别号、开户许可证、企业营业执照扫描件。这些没有的话，记得提前跟相关同事沟通好，尤其是需要盖章走流程等，别在这里浪费了时间。

第四章

广告篇

广告是媒体产业的主要商业收入之一，公众号媒体概莫能外。传统媒体主要是品牌广告收入，互联网媒体主要是效果广告收入，二者泾渭分明，在过去10年里都获得了长足的发展。不过，2015年公众号媒体“忽如一夜春风来，千树万树梨花开”，形成了产业规模，可能它来得太快、太新、太突然，使得很多人，包括媒体业和广告业的人，直到今天为止还没有意识到一个全新的媒体产业已经诞生了。2015年，效果广告已经大举进入公众号媒体的流量号类别，2016年，品牌广告也大举进入公众号媒体的原创号类别。从2015年开始，传统媒体广告收入迅速下滑，互联网广告收入增长减缓，而传统广告公司、公关公司和创意公司，面对突然出现的一个全新的媒体产业，无论是人才、服务内容、服务意识，还是公司运营架构，都无法适应新的营销变化，导致公众号媒体主和广告主之间出现了服务空白区，使得公众号媒体广告市场花团锦簇的同时，乱象丛生，整体商业效率低下。

新的媒体已经成长起来了，但新的广告、新的营销还在路上。

第一节
新广告：广告内容和形式变了

在互联网出现之前，广告只有一种主要内容：基于媒体内容的品牌广告。主流的四大传统媒体：电视、电台、报纸和杂志，无一不以内容立身，品牌广告依附于媒体内容出现，占据了媒体收入的最主要份额。在互联网的商业成熟之前，在平面媒体就是分类广告形态，在电波媒体就是专题广告形态。2005年互联网开始正式的商业化后，首先分割了传统媒体效果广告的份额。不仅如此，互联网因为网络信息技术的飞跃发展、用户的使用习惯的迁移、信息量的无限放大，赋予了效果广告新的内容内涵，更加注重互动性和连接性，极大地扩容了效果广告的份额。在2005—2015年期间，传统媒体品牌广告和互联网媒体效果广告并驾齐驱，共存共荣，都获得了巨大的发展，举两个例子：2005年湖南广电收入只有区区数亿元，百度的广告收入不值一提，而到了2015年，湖南广电的收入为240多亿元，百度总营收高达663.82亿元。[①]

据社科院发布的《新媒体蓝皮书：中国新媒体发展报告No.7（2016）》显示，2015年互联网媒体效果广告收入首次超越了传统媒体品牌广告收入，中国互联网广告市场规模达2096.7亿元，而广电报刊四大传统媒体行业的广告之和仅为1743.53亿元。

传统媒体和互联网媒体的广告形式都是比较单一的，视频、音频、图文、互动广告等，各司其职。而公众号媒体内容由于实现了全媒体打通，所以，公众号媒体广告内容也不仅限于平面广告、视频广告、音频广告、互联网的互动广告，而是将上述广告形式融合在一起，创造出新的内容：一篇公众号广告，可以同时汇集视频、音频、文字、图片形式，还加入了表情图、动图、漫画、评论、回复、点赞等新的形式。所以，公众号媒体的广告内容，迥异于以往的广告内容，传统的广告公司、创意公司和公关公司的内容服务，都要融合在一起，才能满足新的内容需求。目前原创公众号的广告内容，优秀的案例多数由公众号媒体主撰写和提供。公众号媒体主基本没有广告营销的服务意识和架构，而广告公司等又无法提供公众号媒体内容服务，导致商业效率非常不理想。

公众号媒体的广告内容发生巨变的同时，广告形式也发生

---

① 驱动之家. 百度公布2015 Q4及全年财报：净利大增663%[DB/OL]. http://www.techweb.com.cn/digitallife/2016-02-26/2284763.shtml

了巨大的变化。公众号的基本属性是“内容 + 连接”，因此，公众号媒体的广告形式，除了更丰富的内容展示和互动功能外，还需要具有连接的功能，前文所述的各种连接方式，包括马上要开始普遍应用的小程序，都是公众号媒体内容制作必须考虑的形式。

传统广告这个行业，偏重创意，基本是文科生的天下；公众号这个新的媒体产业，在 2016 年之前，笔者称之为公众号媒体的上半场，偏重内容，只是这种内容，由于打通了全媒体形式，从而呈现出了一种新的内容形态，但基本上也都是文科生的天下；2016 年之后，笔者称之为公众号媒体的下半场，随着小程序的发展，公众号媒体将是内容与连接并重，理科生会有很大的用武之地。目前理科生认为他们错过了上半场的红利，将在下半场追赶回来，有些偏激的观点，甚至认为小程序会吃掉公众号的市场份额。这是一种狭隘的，对微信公众平台生态毫无认知的妄语。“内容 + 连接”，内容是要具备连接属性的，同样连接也是要具备内容属性的，它们是不可分割的两部分，缺乏其一都不能称之为微信公众平台。

因此，符合公众号媒体新产业的新广告，首先要完成内容的更新，包括它的生产方式的更新；其次还要完成形式的更新，包括它与内容的生产关系的更新，才能称其为新广告。

第二节
公众号媒体的广告现状和未来

公众号媒体广告分为两部分，一是微信官方的，包括广点通和互选广告两类，官方在公众号底部设置广告位置，在公众号后台显示为“流量主”。公众号运营者可以选择开启，也可以选择关闭，如果选择开启流量主，则官方根据在公众号底部设置的广告位置的曝光和点击收取第三方广告收入，收入部分，官方与公众号运营者按3∶7分成。官方广点通是流量思维的模式，在腾讯官方的收入报表里，列入的是效果广告收入类别。互选广告是一种新的尝试，加入了内容思维模式，目前还属于内邀测试期，就内测情况看，基本还是流量思维的逻辑。

公众号媒体广告的主流不是官方的效果广告，而是各公众号运营者的品牌广告收入，这部分主流收入，运营者都是自主经营，不需要与官方分成。除了违反《广告法》和微信平台的一些基本原则外，微信官方不会对公众号的广告自主运营做任何干涉。很多原创公众大号，为了不影响其品牌广告形象，会关闭掉微信官方的流量主广告，尽管这样会影响到微信官方的广告流量和收入，但微信官方也不会干涉，不会强迫公众号运营者开启流量主——这是微信生态坚持不干预政策，让万物自由生长的一个小小例证。

万事有利有弊。公众号媒体在平台上自由生长，带来自然演化的生态繁荣的同时，由于自然生长的良莠不齐、非标准化，在商业化过程中，会陆续出现一系列令人头痛的难题。公众号媒体广告市场目前处于三无状况：

（1）无收费规范。每个公众号的广告价格刊例制定非常随意、变化极快。

（2）无验收规范。目前的广告投放验收指标，只是很基础的阅读数，导致作假现象猖獗。

（3）无内容规范。广告公司、公关公司和创意公司尸位素餐，好的广告内容基本由广告主与公众号主对接，由公众号主提供。

要解决公众号媒体广告目前存在的问题，在未来形成一个完善的广告市场，需要跨过以下三道门槛：

第一，广告内容门槛。以前的广告，无论是品牌还是效果广告，创意都可实现通稿模式。一个创意，无论是视频还是图文，通行所有媒体渠道。通稿模式在原创公众号广告中行不通，必须一个创意一个号。而原创公众号特别碎片化，成千上万，同时因为媒体内容形式发生了全媒体打通的变化，使得公众号媒体广告也需要各种创意表现手段的融合应用，所以创意的执行是目前公众号广告的一大痛点。不过这个门槛应该不难跨过，只要一批新型的“内容 + 连接”融合的创意公司、广告公司和公关公司成长起来，解决的主体就能找到，解决只是时间问题。

第二，广告渠道门槛。公众号的行业生态是去中心化、碎片化。这种形态会成为常态，一直延续到公众号媒体产业领域。去中心化、碎片化是移动互联网社交媒体的生态特征，离开了这一特征，公众号媒体这一新的媒体产业将不复存在。渠道门槛的解决方法之一，是广告联盟方式。目前市场上公众号的联盟很多，但基本只是简单的聚合，是一种静态的联盟，并不符合市场的需求。公众号媒体生态如浩瀚无际、变幻万千的星空；公众号媒体流量如波涛汹涌、潮起潮落的大海，必须有一个动态的联盟去做聚合。所谓动态联盟，需要内容和技术的底层数据作为依托，具有广告内容生产和分析能力，具有流量动向的汇集和应用能力。这个门槛也不难跨过，只要一批 IP 内容公司、数据公司成长起来，就能找到解决的主体，解决也只是时间问题。

第三，规范门槛。这才是公众号媒体广告市场最难跨过的门槛。以史为鉴，一个新的广告产业规范的制定，于传统媒体而言是强大的第三方和媒体方（索福瑞与央视合资，最终成为传统媒体的主裁判），于互联网媒体而言是强大的平台方。公众号媒体广告市场的规范，需要一套新的思路和规则，因为它面对的是一种全新的“内容 + 连接”的品效合一的新产业形态，此外，微信公众号媒体是建立在移动互联网时代的中国人的一个生活方式，建立在微信这一数字社会的基础设施之上的，仅仅依靠第三方显然不能完成这个规范，必须要微信这个平台方来主导才有可能实现。目前的矛盾之处在于，一是微信本身不做商业化，商业化归属于腾讯；二是微信的产品哲学是秉承“去中心化的生态系统”的不干预政策，要商业化于无形之中，对标准有天然的警惕和抗拒（即使公众号数量已达千万之巨，微信也不会披露任何具体数据，也不去设立什么公众号排行榜——排行榜意味着中心化，意味着官方的干预，苹果 App Store 排行榜的混乱不堪，微信应引以为戒）。

但规范不是标准，无规矩不成方圆。平台方不去做规范，这道门槛，公众号媒体就很难跨过，一个高效率的广告产业就难以形成。2016 年腾讯推出的公众号互选广告，可以视为官方在广告规范方面的一种尝试，相信今后在公众号广告规范方面，腾讯官方会不断尝试。笔者的看法是，当哪一天腾讯的财报中，关于微信广告收入部分增添了品牌广告（目前为效果广告）一项后，即意味着官方规范的初步成功。根据腾讯最新的财报，2016 年第三季度，“效果广告收入增长 83%，达到人民币 43.68 亿元。微信公众账号、微信朋友圈是主要贡献者”。看来微信品牌广告的探索，还需要时间。

公众号媒体是一个全新的媒体产业，它颠覆了所有已知的运营机制和规范，包括广告业，拥有新的内容规范、新的收费规范和新的验收规范，需要各个行业方——腾讯官方、微信平台、公众号媒体主、媒体业、广告主和广告业共同努力，才能建立起这个新的媒体产业中的高效、规范的广告市场，才能拥有美好的未来。

第三节
广告业，不要做永远叫不醒的装睡的人

“半是挽歌，半是谤文，半是过去的回音，半是未来的恫吓，它有时也能用辛辣、俏皮而尖刻的评论刺中资产阶级的心，但是它由于完全不能理解现代历史的进程而总是令人感到可笑。”

这是《共产党宣言》对封建的社会主义的揶揄，只要将其中“资产阶级”这个名词，替换为“传统媒体”，就是对时下广告行业的精准描绘。

公众号媒体新产业的大幕拉开，公众号媒体主粉墨登场、热闹非凡。传统媒体人纷纷迁徙，内容创业如火如荼，行业交流层出不穷。公众号媒体正以去中心化、碎片化的形态，飞扬绽放在移动互联网的天空中，而传统广告业还固执于中心化的意识和僵化的体制，仿佛一群向天空挥舞着刀剑的人，面对公众号媒体产业，仿佛进入了外星空。

• 以往一个广告创意可以在各个媒体上播出和刊载，

一招鲜吃遍天，如今一个公众号就要配套一个广告创意，完全没有了套路和招式。

- 以前做广告预算，大部分分给几个媒体带头大哥，剩下的再分给熟络的小弟媒体和长尾平台，太公分猪肉，横竖几刀就好了，如今面对没有了大哥、没有了小弟、去中心化、碎片化的公众号媒体却无从下手。

- 以往做广告评估，数据光鲜靓丽，效果模模糊糊，如今公众号媒体广告即内容、内容即效果、效果即社交、社交即传播，所有环节都是并发的——公众号媒体不仅是广告内容的巨变，也是传播方式的巨变，“内容+连接”，缺一不可。

- 以往的广告传播路径都是线式的、静态的，以不变应万变，出了问题公关公司去解决；如今的广告传播路径都是点状的、动态的。热点几乎每时每刻都在出现，必须全天候自主作战。

这个时代，广告业也明白传统媒体这个大业主的窘境，也能用“辛辣、俏皮而尖刻的评论刺中传统媒体的心”，但却不能深入接触公众号媒体，深度研究公众号和公众号运营者，而是袖着双手冷冰冰地看着一群又一群“屌丝”在公众号媒体的荒原上开疆拓土。中国广告的标志性事件，是1993年国家对民营放开广告经营许可，当年被一群“屌丝”冲进去并打破枷锁的中国广告市场，在蓬勃发展的同时，也还坚守着行业的独立和尊严。那时候，广告公司的创意部门是灵魂，优质的创意和制作内容还是广告公司的支柱，头脑风暴创意激荡是广告公司的常态，但1998年后，广告渐渐沦为媒体和广告主的买办，广告变成了一门贸易生意，倒买倒卖媒体资源和攫取利润成为核心价值。

在传统广告行业这台大戏中，媒介部门是这个行当的美貌青衣，创意部门是受气丫鬟，这种行业的畸形形态，不仅遍布传统媒体领域，也覆盖了互联网媒体领域，甚至在移动互联网媒体的早期领域，电视上、平面里，PC端、客户端充斥着恶俗广告、夸张广告和骗子广告，至于数据监控、数据效果什么的，“万恶的收视率”，刷榜、刷用户、刷点击等不一而足。一切指归都是效果，为了利润，为了KPI，内容可以弃之不顾，哪怕造假也在所不惜。

2016年公众号媒体风起云涌，传统媒体人在转型，掀起内容创业浪潮，传统媒体在转型，连【人民日报】都成了新媒体的领军人物，广告主也在改变投放策略。公众号媒体的新产业已经是一种生机盎然的存在，但新广告在哪里？

新广告需要对公众号新媒体产业的生态、属性、产品和商业特征进行深入的研究，需要对公众号运营者的个体和群体进行深度的了解，需要“与其坐而论道，不如起而行之”的锐气，需要流量思维和内容思维结合的公众号运营思维，需要利用公众号管理思维对公司结构和人事进行调整，实施新的管理方法。

广告业，但愿你不是那个永远叫不醒的装睡的人！

第四节
公众号媒体广告的三个规律和案例

随着公众号媒体这一全新媒体产业的发展，越来越多的品牌广告主选择在公众号上投放广告，比如宝马、奔驰、可口可乐、万科、魅族、华为等。

由于公众号媒体能够将文字、图片、视频等多种表现形式无缝衔接，公众号媒体广告有了更多的创意与玩法。决定公众号媒体广告效果的，除了转发效果和广告内容，还有公众号媒体资源的组合。好的资源搭配，既能降低投放费用，又更容易打造具有影响力的热点事件。接下来，我们将举几个公众号媒体广告的案例，教大家玩转公众号媒体广告。

怡宝马拉松：长图 + 漫画，图片广告玩出新高度

摆脱了长长的文字束缚，图片广告成为越来越多广告主的新宠。2016 年 10 月，怡宝以一张霸气的长图开启了在公众号上的马拉松之旅。

与外面的“妖艳贱货”不同，怡宝这张长图最大的特点，是其品牌理念（“心纯净，行至美”）与马拉松精神（“挑战自我、超越极限、坚忍不拔、永不放弃”）契合，拉不到尽头的长图就像看不到尽头的马拉松赛道，激发用户的好奇心，让他们想拉到尽头看个究竟。

长图以连续剧的方式，设置了与跑步有关的故事彩蛋，比如刘翔跨栏、博尔特短跑天赋的来源，还有著名电影《阿甘正传》中阿甘跑步的励志故事，激励着用户往下拉。此外，中间会不断被“安利”喝水的冷知识，边“跑步”边长知识，将品牌植入于无形中。最后，辅之以底部“带恶搞不带污”的体能测试 H5，以趣味小漫画形式表现，加强了品牌与用户的

扫描二维码，体验怡宝长图马拉松

互动，还能形成二次传播。

除了线上长图马拉松，10 月 30 日在长沙举办的 2016 国际马拉松赛上，也到处是怡宝的身影。和长图一样，怡宝在中途设置了不少补给站，说明长图中的场景设置并不是空穴来风，显得更加逼真。

2016 年长沙国际马拉松赛

怡宝长图的创意体现在每一个细节上，长图的设计者仔细地考虑了哪里要放什么内容，通过广告更好地与品牌连接。

荣耀畅玩 6X：大号带小号，打造最大声量

2016 年 10 月 19 日，荣耀畅玩 6X 联合【科技每日推送】以及【南宁圈】【粤蒲粤搞野】【北京潮生活】等全国 26 个地域号打了漂亮一仗。这次堪称现象级的营销事件，覆盖了1200 万 +

用户，产生了 100 万 + 阅读量。

广告主往往在选择公众号投广告时，单单青睐一两个头部大号，忽略了资源搭配和内容联动性。而荣耀这次的广告，靠谱的创意加上强大的资源（大号带小号），让品牌得到了最大声量的曝光和传播。

【科技每日推送】抢先发声，以一则长漫画为荣耀这次的品牌宣传加分不少。其拥有 240 万 + 的科技类精准用户，公众号的调性与荣耀的品牌属性契合程度高，打起广告来也毫无违和感。漫画以 leo 和基哥去参加手机发布会为主线，讲故事性的形式容易吸引用户阅读，有趣的漫画能让人边笑边接受广告，无缝植入广告。

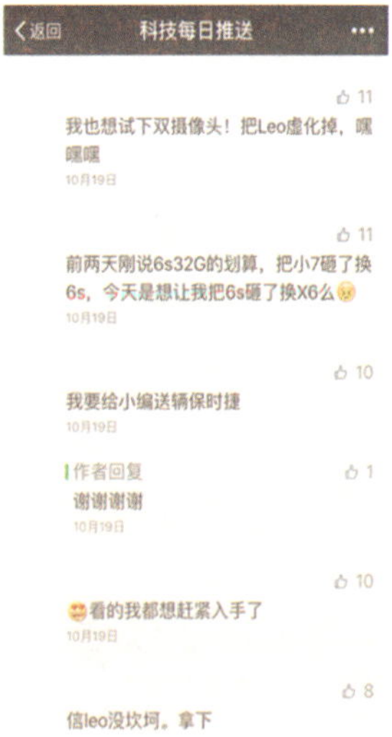

这篇漫画不仅收获了不错的阅读量，评论区更是精彩，走心的广告成功虏获用户的芳心。

此外，荣耀畅玩 6X 这次还选择了和【南宁圈】【粤蒲粤搞野】【北京潮生活】等 26 个全国地域号抱团，导演了一场“分手”风波，成功吸引目标用户对荣耀新机的关注。以《我们分手吧，就在 × ×》为标题的系列文章在朋友圈刷屏，内容的联动效应得以产生。

这次的地域号联动发声，不仅为荣耀带来了重量级的曝光，半套路半虐狗的内容也赢得了用户的一致好评。

（1）“分手”话题自带八卦属性，引发用户的好奇心。分手是一件很平常的事情，但搭配上地区名效果就不一样了。为什么连分手都上公众号头条了？为什么是在这个地方分手？光是这一连串的问号就足以让人想点进去一看究竟。

（2）内容创新，地域特色成吸睛点之一，激发用户情感。因为男友拍照不好而分手或许有点俗，但文章中间穿插了当地的标志性建筑物，比如说广州的小蛮腰、南宁的南湖、长沙的橘子洲等，都是用户自己家乡熟悉的景物，代入感更强。

（3）提炼产品卖点，无缝接入广告，用户对广告自然没

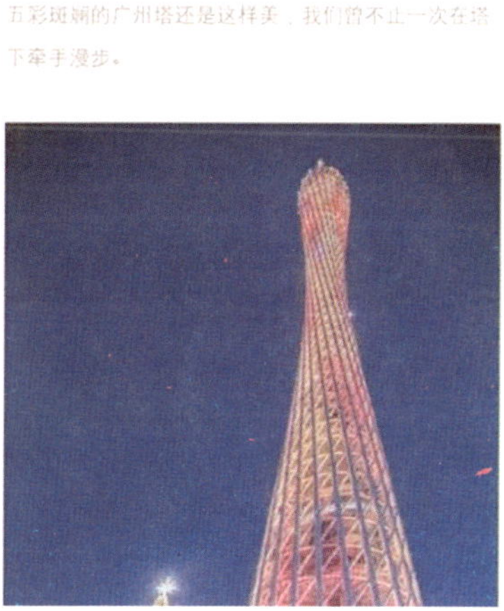

广州的小蛮腰

有那么排斥。开头也提到，男友给女友送了部手机作为分手礼，然后女友发现了手机相册里面男友用心拍的相片很感动。

这里的手机正是荣耀畅玩6X，那些照片刚好突出了手机“微距效果极佳”的卖点，前半秒还沉浸在

南湖的灯光还是这么美，照着我们拉着手一圈一圈绕过的南湖。

（图 | 莜子）

南宁的南湖

部分公众号留言

故事剧情中浪漫得不要不要的，后半秒就来了个广告，美美的照片连接了男友给的小感动，并不会很突兀。

（4）选择全国地域号作为投放对象，覆盖用户精准，容易形成声量级传播。据了解，这些公众号的用户受众一般以热爱吃喝玩乐的城市青年为主，对拍照需求相对大（对，因为要自拍），与偏年轻化的荣耀畅玩 6X 的目标受众相符。

此外，地域号分布广泛，几乎覆盖全国的一线城市，从品牌影响力和用户的消费能力来说还是足够的。

地域号内容联动的案例不少，在 2016 年 2 月，“南宁圈”也以一篇推文《对不起，我要去南宁了，别再找我了!!》，引发《对不起，我要回 × × ×，别再找我了》系列标题刷爆朋友圈，还登上了微博热门话题榜。

不过，光靠地域号来提高影响力总是有限的，传播的范围、触及的用户等都是比较分散的一部分。在资源搭配上，荣耀聪明得多了。科技大号的爆红 IP 长漫画，加上全国地域大号的“分手”风波，大号的品牌背书结合地域号精准的受众，覆盖面广，传播也比较广，广告效果也能达到最大化。

不过，创意不是用嘴说说就行的，想要更好地连接品牌，还要把创意融到内容里面。具体来说，创意体现在漫画文案里，从文字到构图，再到何时应该出现广告，这其实和写一篇文章很类似；然后创意也出现在长图的每一处设计上，哪里要放什么内容，都要经过细细打磨，才能和品牌进行更好的连接。

【新世相】“逃离北上广”营销

2016年7月8日早上，不少人的朋友圈被【新世相】的一篇《我买好了30张机票在机场等你：4小时后逃离北上广》刷屏。

游戏规则是这样的：“现在是早上8点，从现在开始倒计时，只要你在4小时内赶到北京、上海、广州3个城市的机场，我准备了30张往返机票，马上起飞，去一个未知但美好的目的地。”同时，【新世相】还将在3个机场对这次出发进行直播。

推文发出2小时不到，8张广州和上海的机票，14张北京的机票，已被抢购一空。凭借这篇推文，【新世相】在3小时内，微信阅读量达到百万次，涨粉10万人，微博上了热搜。

这样一场充满情怀的活动，其实是航空管家联合【新世相】做的一次广告。

开展抢免费机票的活动，【新世相】不是头一个，但只有这次活动达到了现象级的营销效果。原因或许在于：

（1）选取公众号KOL，更容易打造现象级事件。航空管家选择与【新世相】合作，或许就是因为【新世相】有着“文艺教主”之称，这场充满情怀的活动本身就是针对【新世相】的粉丝群体设计的。

（2）文案直指人心，戳中用户痛点。无论是说走就走的创意，还是逃离北上广的目的地选择，都是一次戳中用户痛点的

航空管家广告

传播，这样的内容在撩动用户那颗脆弱的心上无往而不利。全文用第二人称的语气，对人的触动会更加强烈，相当于“点名”，也是一种“下指令”，不管是参与活动还是去转发传播，都更加容易激发人去行动。

（3）发酵式的持续性传播设计。一次成功的广告，离不开持续的曝光。【新世相】在广告的前一天就已经做了铺垫，并在活动当天中午 13 点左右就开始复盘整个活动的策划方案，“文艺连萌”和“知乎”上都有长文详细介绍策划者的构思，有预谋、有计划的可能性非常大。很快在各个渠道就有人探讨压力山大的北上广是否真的能够逃离，选定的 30 个人出发后有后续的游记、心得、照片等，利于话题的持续传播。

除了搭配公众号媒体资源外，还有不少品牌主选择将公众号媒体与传统媒体资源结合，在传统媒体上曝光，在公众号媒体中引爆，【南宁圈】的“不懂为什么”就是一个很成功的例子。

公众号媒体也选择做纸媒打广告，说明纸媒广告其实可以作为传播导火索，通过公众号媒体以及网络媒体的转发跟进，让话题在网络上不断发酵，最终实现病毒式营销。

不过，很多广告主在做纸媒广告时并没有考虑整个传播的时间节点以及传播链条，比如如何预热、纸媒广告如何亮相、公众号媒体如何引爆话题、其他渠道的媒体如何配合传播等等。不考虑这些问题，传播无法形成闭环，自然无法打造最大声量的营销事件。

客户投放公众号媒体的广告要获得成功，要遵循以下三个规律：

(1) 转发效果。没有转发效果的广告，不是公众号媒体广告，而是传统广告。公众号媒体主为什么这么强调广告文案，是因为他们深谙这一点。没有用户会转发一条硬广，哪怕这个硬广很有创意。但甲方往往会用传统广告思维去强调这一点，结果自然不欢而散；促使用户转发的最大动力，不是分享，而是表达观点，如果你的广告代表了用户的观点，那么用户会积极响应，从而形成热点转发事件。【新世相】的“逃离北上广”体，恰恰代表了用户的观点，从而引发转发潮，最终形成热点营销。内容—转发—热点，是公众号媒体广告的理想路径。

(2) 资源搭配。资源搭配是媒体广告优化、降低成本的不二法门。传统广告和互联网广告都是如此。而公众号媒体由于高度的碎片化和公众平台的去中心化，导致搭配的难度非常大。在我们看来，以用户数为搭配原则是一种常见模式（100 万用户以上的大号，50 万用户左右的中号和 10 万用户左右的小号）；以不同类型号为搭配是一种常见模式（大类是原创号和流量号的搭配；细类是原创全国号、垂直号和区域号的搭配）。搭配的原则，基本是以一个大号为事件源发点，通过各种搭配资源为散发点。还有一种搭配模式，是公众号媒体和传统媒体资源、互联网媒体搭配。比如【南宁圈】的“不懂为什么”体。这种模式与其他模式的区别在于传统媒体的《深圳晚报》成了事件源发点，公众号成为散发点。“不懂为什么”体炒热后，很多客户在传统报纸的头版东施效颦，效果极差，就是因为他们基本没有运用到公众号搭配的散发点。公众号媒体广告资源，只有选择和搭配恰当，才能既降低了成本，又容易打造成有影响力的热点事件。

（3）内容为先。传统广告是以创意为核心，但创意只是公众号媒体广告内容的一部分。只强调创意，是达不到要求的。创意必须服从于公众号媒体内容，服从于公众号媒体的用户调性，这样即使不能引发用户转发，也能保证用户的互动评论，保证广告在公众号内的效果。

第五章

电商篇

第一节
内容电商的爆发

移动互联网时代的新流量入口

2016年8月3日，中国互联网络信息中心（CNNIC）发布《中国互联网络发展状况统计报告》。该报告显示，截至6月，我国手机网民规模达6.56亿，手机上网主导地位强化，移动互联网塑造的社会生活形态进一步加强。而11月腾讯公布的数据显示，微信和Wechat的月活用户，达到8.46亿。减去微信海外用户部分，微信用户比中国手机网民用户要多出1亿多，多出部分主要为60岁以上人群和农村的非网民人群。

此外，我国手机网络购物用户规模达到4.01亿，增长率为18.0%，手机网络购物的使用比例由54.8%提升至61.0%。使用网上支付的用户规模达到4.55亿，手机支付用户规模增长迅速，达到4.24亿，半年增长率为18.7%。微信支付在短短两年多的时间内，从无到有，再到触及生活的方方面面，普及老年人口和农村人口，将移动支付完全生活化了。

传统互联网时代，网易、新浪、搜狐等门户网站正是因为牢牢把握住了流量入口，有了用户有了流量，在商业变现上才存在多种可能，才能成为互联网公司巨头。可以说互联网的价值，就体现在入口上，所以搜索、浏览器、电商平台、社交工具成了 PC 时代的王者。

国内 BAT，能够完成新旧母体迭代的，只有腾讯。如今腾讯的市值，有一半以上在微信上。所以，微信是新母体上的最大入口，它不是一款产品，而是一个生态系统。前两年，或许大家还在寻找“有机会”的移动互联网入口，但是 2015 年开始，你会发现，所谓的移动互联网主要入口只有一个——微信。

始料未及，微信电商爆发

经过 5 年的发展，目前拥有 8.46 亿月活跃用户的微信成为当之无愧的超级国民 APP，在产品形态、用户习惯等方面，已经形成生态系统，它不再是 款移动互联网产品，而是一个移动互联网的生活方式。

“再小的个体，也有自己的品牌”，比起传统互联网时代内容的中心化传播和分发模式，微信公众号去中心化、碎片化的特点，实现了“用户即渠道”，单个用户也有可能成为事件的爆发点和关注点，用户的话语权在不断增强，大批内容创业者的价值与创造性得以放到最大化，并且通过在公众号上生产的大量优质内容，在微信生态圈内实现多样化的商业链接。

微信最核心的价值其实就是“内容 + 连接”，微信的口号是“连接一切”，所谓连接一切，不过是入口和出口的问题。都说目前微信公众号已经成为微信较为重要的入口之一。但事实上，归根到底入口还是在这些内容创业者所生产的优质内容上，优质内容已经成为移动互联网时代重要的流量入口，而且不仅是流量载体，甚至还完全具备了变现能力。

所以公众号媒体商业化的“三辆马车”，广告尚未规范化，O2O 的条件尚未完全成熟，而内容电商却在 2016 年年初悄然爆发，让人始料未及。

关于内容电商的误判

2015 年年底，我们有个误判，并且这个误判延续到 2016 年春节。

这个错误的判断是：我们认为公众号做内容电商的启动时间，应该在 2017 年。我们的基本逻辑是淘宝的电商模式太强大了，而中心化的淘宝模式与去中心化的微信公众号模式，是矛盾对立，不可调和的，而非淘宝模式之外的电商模式，都显得不成熟，我们再等等、看清楚再说。

所以直到 2016 年 3 月，我们的电商业务，仅限于一些在我们大号投放广告的电商、CPS 的分成和对自身有赞店面的维护，而并未做深入的调查研究和工作部署。

但是，我们忽略了几个显而易见的事实。

1. 淘宝封杀微信

2013 年淘宝就封杀了微信。当时微信的体量，与今天有天壤之别。

早前马云说过："今天媒体的控制量 80% 来自微信……"阿里巴巴的 CEO 也说过：今天淘宝 80% 的流量来自无线——这个局面，阿里 3 年前已经门儿清，所以毅然封杀，否则淘宝今天的流量收入，就要大幅缩水了。但反过来看，微信公众平台的媒体流量是非常适合内容电商的。

2. 微信支付与支付宝并驾齐驱

在微信之前，腾讯要做支付，就像支付宝要做社交一样，是个笑话。

然而，从 2014 年 9 月 26 日微信支付完成微信支付加密功能开始，不到两年时间，两次春节全民抢红包后，2016 年微信支付成为国民钱包。而这条路，支付宝走了最少 10 年。

3．微商在微信上方兴未艾

微商在微信里是最活跃最特别的群体，特别是 2014 年下半年，当时的微商大会规模之盛，让人瞠目结舌。虽然微信连三级分销也封杀了，但大大小小的微商会议还是进行得如火如荼，他们就像地下奔涌的熔浆，只要有机会，就会喷薄而出。

4．内容电商条件已经成熟

2015 年上半年，福布斯中文网就曾刊登《2015 年内容营销的变化趋势》一文，文章提到：市场调查公司 Smart Insights 对 600 名读者进行了民意测试，结果显示 29.6% 的受访者认为内容将是他们当年的头号数字营销工具。有意思的是，内容营销排在了大数据、营销自动化和移动营销的前面。它还大幅领先于社交媒体营销、搜索引擎优化（SEO）、付费广告和一众其他营销活动。

Smart Insights 2016 年年初的报告也显示，内容营销已被欧洲

的营销人员认为是2016年最具商业影响力的营销方式，同样领先于其他营销活动。

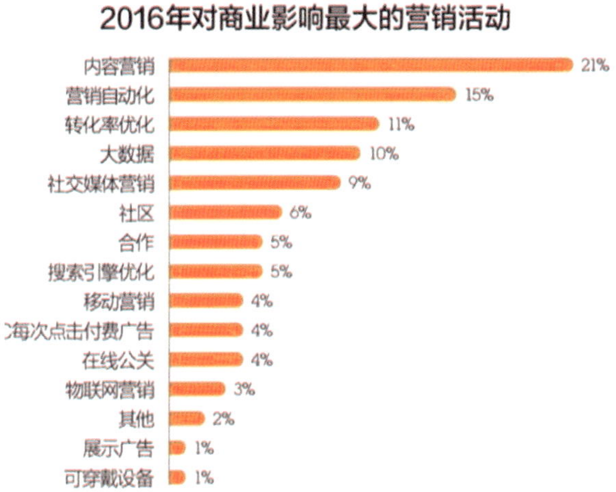

微信电商，又称内容电商，却是2016年春节后才热起来的，然后“××号一夜卖了多少产品，赚了多少钱”的消息就不绝于耳……

【寻找田野】，拥有3500个粉丝，20元/个的粽子卖出超过100万元的销售额；

【小羽私厨】，2016年4月底开始做电商，5月流水150多万元，月新增用户3万~5万人；

【玩车教授】，一天卖出了1400个行车记录仪，销售额达到100多万元；

【Dior】，8月开始在微信卖货，一天卖出200个售价为28000元的手袋，销售额560万元；

【黎贝卡的异想世界】，20 分钟售罄 400 件联名款首饰，销售额约达 22 万元；

……

然而，在行业会议层出不穷的公众号媒体圈子中，至今针对内容电商主题的会议，依然少之又少，甚至是下半年以后才陆续有相关会议出现。这反映了下半年开始，业内逐渐意识到内容电商的崛起，也许能给目前的公众号带来新的商机。

微信公众号的优质内容流量和微信的社交渠道，其实具有可称之为“洪荒之力”的电商变现能力。内容电商目前的条件已经成熟：

（1）解决了流量问题：内容—用户—电商的销售转化。

哪里有流量，哪里有用户，哪里就有机会。现在拥有 8 亿多个用户的微信，拥有强大的流量，广告投放、电商等都需要往有流量的地方去。公众号通过内容积累大量用户，用户形成的流量让公众号拥有变现的可能性，公众号的大量用户可以带来电商的销售转化。而且用户基数越大，转化率相对应也可能会更高。

（2）精准的流量变现。

物以类聚，人以群分。不同的公众号有不同的特性，汇聚起来的人也有共同的特性，相比传统电商不知道目标用户在哪里的情况，微信公众号做电商，利用用户画像、公众号性质和调性，可以把产品更精准地推荐给目标用户群体，从而提高转化率。

（3）粉丝的信任度。

在传统电商中，消费者需要根据已产生的购买行为评价、店铺等级（红心、钻石等）、价格等方法来判断是否进行购买，所以获取消费者的信任很重要。但是在微信公众号上，用户购买产品是基于用户对公众号、对公众号主的信任，从虚无的店铺，到人格化或者特征显著的公众号，这里面的信任基础变得更结实，也容易让用户放宽对价格、产品以及实用性等其他方面的考虑。

电商内容和内容电商

1．内容电商的特点

（1）内容电商更懂得“以人为本”。

内容电商的运营需要围绕人来进行，而且是某个特性公众号所聚拢的拥有相同兴趣爱好或者价值观的用户群体，以用户群体为中心，公众号可以通过内容电商来影响这些用户群体的需求和生活方式，并且可能反向与用户一起定制产品，这样也能做到消灭库存的作用。

比如“买买买教主”黎贝卡与故宫文化珠宝一起定制的“猫的异想”系列首饰，以及与 Rebecca Minkoff 联名推出的限量版马鞍包 Miss Fantasy，这些联名产品其实更多的也是黎贝卡出于对时尚的触感，以及对其粉丝需求的感知来进行设计的，结果在预售阶段就全部卖断货了，“一件难求”。

“以人为本”，通过内容经营粉丝，感知粉丝对公众号的需求，从而反馈在选品和内容产出上，形成良性循环，这一点也正符合微信四个核心价值观之一也是最重要的“一切以用户价值为依归”，以粉丝价值为出发点的内容电商，自然也容易得到粉丝的推崇和买单。

（2）内容电商更注重情感认同。

过去，我们在传统电商平台购物，更多的是基于我们现实情况中对物质的需求，源于实际需求的购物，往往带有强烈的目的性，会因为比价、搜索、产品对比等种种情况，使整个销售阶段充满“跳出性”。

但内容电商不一样，内容电商更多的是以内容来打动用户，通过或故事阐述，或解决日常痛点等角度切入，将公众号觉得好的，而且适合用户的产品推荐给目标受众，在这个过程中，排在第一位的往往会是情感认同。

（3）内容电商更追求小众个性化。

过去淘宝、天猫等传统电商平台上出现的更多的是“爆品”，哪样东西卖得好，几乎在同一关键词搜索下，展示出来的图片都是一样的产品，奔着所谓“爆品”去，一不小心就跟别人撞上了，各种尴尬。

内容电商正好相反，公众号在选品时，更多考虑的是关注我的用户喜欢什么东西，比如一个女性用户居多的文艺号，考虑的肯定是这帮文艺女性喜欢的产品是什么，而不是所有的女性用户喜欢什么。

未来可以预见的是，小而美的品牌会大量涌现，这也是符合共享经济发展趋势的。

（4）内容电商更懂得场景化营销。

移动互联网时代，场景营销具有更加实用的意义，甚至很多商家、企业都在抢占用户场景，通过更贴合实际需要的场景切入营销，让销售过程变得更加自然、不突兀。而公众号主在场景化营销方面更是佼佼者，很多图文在开文即会营造产品目标受众的场景，阐述难点和痛点，在引起共鸣后再抛出想要推荐给粉丝的产品，其过程毫无雕琢痕迹，整篇文章看下来就是“我都是为你着想”，所以即便是推销，粉丝也会甘之如饴。

2. 公众号做内容电商的痛点

纵然公众号做内容电商具有以上种种天然优势，但是不可否认，电商是一个流程复杂、牵涉面广的行业，门槛很高，绝不是一件说做就能做得起来的事情，单靠公众号自身来做，怕是会遇到不少绕不过去的坑，所以，我们接下来讲讲公众号做内容电商会有哪些痛点，也好给计划要做内容电商的你提个醒。

（1）技术门槛。

公众号团队多以内容团队为主，对技术了解不多，虽然公众号也可以使用现有的有赞、微店等店铺，但这也需要具备一点技术基础，比如产品上架、SKU优化等，没有专职的人员来做这个，未必能做得好。而且即便第三方平台开放相关API接口，让公众号自媒体拥有更多的自定义功能，如果团队没有相关技术人员，那这些功能也无法真正应用起来。

此外，2016年11月初小程序公测，给公众号媒体带来新的机会，自带支付功能的小程序，以及应用场景、连接人与服务的众多想象空间，都使得业内人士普遍看好微信电商的前景。而小程序的开发，自然也离不开技术支持，即便微信已经尽可能降低小程序的开发门槛，但是如果要完全理解小程序的开发，单靠“一杆笔走天下”的文科生，怕是很困难的。

（2）选品问题。

选品并不是杂乱无章地随心挑选产品，尤其适逢节假日，产品礼包的包装更是包含很多产品逻辑在里面。比如“双十一”优惠套餐，套餐里面要设置多少产品呢？价格应该控制在多少才能既吸引用户购买又能盈利呢？这里面的学问很大。

公众号运营团队如果原本不具备电商经验，则还需要搭建专门的电商或者选品团队，花费很多时间在选品上，人员配备自然伴随着相应成本的提升；另外，如果人员对产品本身不了解，缺乏准确的判断力，未必能筛选出适合粉丝的产品，当我们自以为适合用户时，事实未必如此，这可能导致试错成本过高，期间面临很多弯路和坑；再者，电商渠道也是一门大学问，更考验行业经验和人脉积累，否则无法迅速感知市场变化，迅速找到好产品的供应商以及谈到相对有优势的价格。

（3）供应链及售后问题。

有这么一种说法："电商竞争的实际是供应链的竞争。"所以内容电商最大的难点也是在供应链上。一条完整的供应链，应包括供应商、制造商、分销商、零售商以及消费者。其实，无论是完整的供应链还是现在的内容电商，物流配送始终是整个购买转化过程中最核心的行业环节。

目前不少做内容电商的公众号会选择"一件代发"的合作形式，即由公众号进行内容推广，供货方（厂家或者品牌商）负责代发，这样一来公众无须进行囤货，零库存的做法大大降低了亏损风险；再者也不需要为了囤放产品而增加租赁成本；更重要的是公众号主不需要去解决发货、物流方面的问题，否则电商就太难做了，远没有发个软文打个广告来得轻松。

公众号媒体在售后这块，如果服务不到位，不仅仅是电商做不好的问题，而是会影响到媒体用户的忠诚度，用户会因为服务不到位而取消关注，甚至将不满信息发布到微信朋友圈的社交平台上，造成病毒式的恶传影响。【小小包麻麻】的创始人贾万兴，视公众号媒体电商客户服务为公司的生命线。贾万兴的理论是，公众号用户，与公众号主是一种中度关系，如果客服不到位，这种关系会降为弱关系，会取消关注，甚至在社交传播中将恶劣影响广而告之；如果服务到位，不仅可以升级为强关系，也可以通过社交传播将美誉度广而告之。

第二节
货架电商和单品电商

拥有丰富电商经验的【超会玩科技】创始人汪凯，曾在分享中说到传统电商和内容电商的区别。

(1) 传统电商的流量是需要持续的，内容电商的流量是自主、间歇、可控的；

(2) 传统电商是规模化、专业化的产业，中小企业难有发展机会，内容电商是颗粒化、个性化的；

(3) 传统电商的用户是物化的，大多会比价和闲逛，内容电商的用户更多的是出于信任感和赞赏感，里面会存在归属感；

(4) 传统电商的产品是货架式的，打造“爆款”需要库存的支持，内容电商是定制的，交易方式多是众筹或预售，其实更多是单品电商。

最后一点提到的货架式电商和单品电商，其实就是传统电商和内容电商，所以接下来我们就来详细了解一下这两种电商模式，以便更好地区分传统电商和内容电商的异同和优劣。

货架式电商是什么

货架式电商，是基于传统商业的商品展示模式。传统商场超市的产品陈列往往都是采取统一的展示方式，即将商品按类别、属性等名目陈列在货架或展柜上，展示给消费者。消费者可以根据自己的购物需求，选择在对应的陈列区进行精准的浏览来找到所需商品，完成购物流程。

货架式电商的页面布局和商品陈列方式，正是参照传统商业的这种商品展现方式，对商品内容进行布局和展现。我们常看到和使用的淘宝、京东或其他电商平台，在页面和内容展现上基本都是按照这样的模式来做商品销售的。

单品电商是什么

在电商的发展历程中，PC 时代有一种常见的销售模式，就是当年的商品单页销售模式，一个页面只有一个商品，页面中的内容（文字和图片）均围绕一个单一产品进行精准详尽的文案讲解，过去在百度推广上经常能看到这种链接，点击链接后进入一个独立商品页面，通过货到付款的形式进行销售。

移动互联网时代，特别是微信公众号生态圈，由于移动端的阅读特性、手机屏幕比例等因素，公众号内的电商内容展示无法做到 PC 端那么丰富，所以，基于微信公众号的内容形式也就出现了单品电商这种特有的展现和销售模式。

微信公众号的内容陈列方式是图文列表形式，但列表只能看到文章标题，这就导致了内容电商对商品内容的展现也只能置于图文中，如果在一篇图文中直接进行货架式商品陈列，会导致用户体验很差，而且无法在极短的阅读时间中，迅速在单个页面上繁多的产品中找到适合自己的，就可能会退出文章阅读造成用户流失。

因此，我们可以看到，内容电商做得好的公众号大都是用图文形式来介绍单一商品，并通过识别文中二维码图片和添加“阅读原文”链接等入口，引导粉丝进入商品购买系统完成电商购物流程。这样的形式归纳起来就是单品电商。

单品电商是微信公众号电商转化率和用户体验最理想的一种模式，需和传统货架式电商进行有效区分。单品电商因为商品展现数量少，一篇图文内容可以只选择一款商品，降低了公众号选品的难度。

但单品电商的最终效果，与公众号运营者能否对商品有较强的理解，团队能否将平日正常的、用户习惯的媒体内容风格和水准延续下来，围绕商品撰写好的商品文案（如讲述故事、设置场景等），能否通过图文激发粉丝购买欲望从而提升转化率，都有极大关系。

货架式电商和单品电商的优缺点

两者都是卖货，关键在于其卖货形式不同，而且所体现的优缺点也不一样。

（1）货架电商的优劣分析。

优点：货架式电商承载的商品数量更多，展现形式更丰富，用户有“逛街”和购物的习惯，同时可通过更多技术手段对流量（用户）进行精准挖掘并推送商品，营销手法更灵活。

缺点：无法针对每一个商品进行精细的文案内容策划，无法通过场景化、故事化手法进行商品描述，不能做到给予每一个商品最大化的流量入口，从而实现最高转化率。后端工作繁重，对运营团队、IT 系统要求高。

（2）单品电商的优劣分析。

优点：选品难度低，能针对自身粉丝画像进行精准的选品；内容表现力强，可以针对商品进行详尽丰富的文案策划和精美的广告图片设计；入口丰富，针对一期电商内容可以调动公众号全部入口资源推广。

缺点：用户没有“逛街”和购物的习惯，销售商品单一，推送频次低，销售周转率低，商品关联销售及复购率较难提升。

第三节
为何公众号有粉丝有阅读数，产品却卖不出

经常有公众号运营者问，为什么我的公众号有粉丝，阅读数也还可以，购买转化率就是不高呢？甚至有小部分人会在接触产品阶段直接问这个产品转化率是多少，这种问题就太外行了，毕竟产品的销售转化，除了跟粉丝基数、用户黏度等有关系外，还与产品质量、流量大小以及销售文案等存在很大关系。

电商经典公式：流量×转化率×客单价=成交额

无论多复杂，电商的运营运作基本都是围绕这一公式进行操作。传统电商时代，淘宝店铺在做好定位、选好产品、优化商品页面后，其转化率与客单价就基本稳定下来。店铺要做的就是导流量，通过各种途径吸引用户。也因此，阿里的广告系统直通车、团购系统聚划算应运而生，而且效果显著。

然而在移动互联网时代，只重流量的做法却已经走不通了，因为在新媒体时代，流量有了一个非常显著的变化：原来的流量分成了客流和人流两种不同类型的流量。

客流（passenger flow）是指人们为了实现各类出行活动，借助各种交通工具形成的有目的流动。在商业环境里，就是指人们要满足自己的某些需求，而寻找商品或服务的行为。

其实也就是有目的性的行为。以购物消费来举例的话，就是我们普遍会因为自身有购买某样商品的需求，所以才回到淘宝、京东进行搜索、筛选、购买，在这个过程中我们是主观意识主导购买的，而且会存在比价等行为，最终购买转化率也高。

而在公众号里，人们的购买意识被隐藏了，客流变成了无强烈意愿的人流。也就是我们上文提到的，你可能无意中看到某篇文章，可能因为里面的故事、场景或者商品介绍而最终进行购买，这种消费行为基于各种客观主观因素而具有很多不确定性，所以转化率会大大下降。

流量从客流变成人流，就是新媒体公众号转化出现问题的诱因，而加剧转化率失效的根本，就是商品文案的无效化。

一般情况下，商品文案撰写会有两种大方向：一是梳理产品卖点，描述产品功能和优势；二是注重创意，让你对广告的出现“措手不及”。前者多应用于传统电商，集齐产品的各种要素进行陈列展示，更多的是靠精美产品图片来吸引眼球；后者则多存在新的媒体中，也就是内容电商的写作方式，会侧重于场景化营销，更多是为了引起粉丝的情感共鸣。

【李叫兽】曾发表过《网红自媒体最大的价值不是流量，而是心理唤起》一文，指出在不同的场景中，人的行为和心理完全不一样，需要根据唤起的场景和心理来销售产品。

这里还可以引入芝加哥大学教授 Richard Thaler 提出的一个经济学概念——心理账户。打个比方，你花 100 元钱买个杯子只是为了喝水，和你 100 元钱买个杯子为了送给心爱的人，这 100 元钱实际上进入了不同的心理账户，导致你觉得前者太贵，而对后者感到心甘情愿。

所以同一产品，场景描述和事实陈述之所以能让转化率产生差异，就在于这两者分别导入了不同的心理账户。正常情况下，普通人对于生活必需开支是客观理性、思索再三的，但对于情感维系等非必需品的开支则显得大方。

除了情感方面的共鸣，更直接的是粉丝都变“聪明”了，他们的注意力也在发生变化，冷冰冰的产品介绍毫无特点，自然无法产生共鸣，“与我无关”的东西，谁又会感兴趣呢？这个又与前面所说的内容电商的“以人为本”、侧重情感营销、场景化营销有关。

第四节
各大内容平台的内容电商尝试

2015 年年底到 2016 年上半年，各大内容创业平台纷纷通过资金补贴、平台流量或广告分成等方式扶持原创内容，抢夺内容创业者，如腾讯的“芒种计划”一年投入2亿元，作为“有种的自媒体人”（坚守原创者）的补贴；今日头条推出“千人万元计划”，承诺确保至少1000个头条号创作者，每月至少获得1万元的保底收入；淘宝推出“内容开放计划”，内容原创作者和机构3年内可共享20亿元市场佣金……

然而来到2016年下半年，画风就变了，各大平台都在各出奇招帮助自媒体做内容变现，除了广告分成外，不少平台也在尝试做内容电商。

传统电商巨头阿里巴巴的淘宝头条、淘宝直播率先推出；同是阿里巴巴集团下的UC订阅号也上线了商品推广功能，借助阿里庞大的数据基础和商品资源，通过转化分成的方式，让自媒体通过增加商品信息卡片获得佣金。

而今日头条则一边携手京东推出“京条计划”，京东在今日头条上开设一级购物入口“京东特卖”，双方将共同开展基于兴趣阅读的电商合作，另一边又与移动商城系统提供商有赞达成合作，通过导购、分佣等模式帮助更多的头条号变现。用户在今日头条客户端里，点击文章中的商品图片，可直接跳转到京东或者有赞等下单、付款。从阅读到购买，整个流程非常流畅，消费者还可以在今日头条客户端内查询自己的所有订单、物流信息。

此外，蘑菇街要投入3亿元扶持旗下网红直播艺人的孵化和经纪业务，网易考拉、波罗蜜等跨境电商则启动直播电商战略，如此一来，随着更多电商平台、移动平台与新媒体“触电”，纷纷投入内容电商大战中，再加上移动支付的普及与便利，可以预期未来一年内容电商定要“大行其道”。

而在微信生态里，内容电商更多是少部分公众号自己在尝试和摸索，近段时间以来，各个类别都有公众号通过导粉淘宝店、与品牌推出联名款、常规团购等多种形式，在内容电商上崭露头角，这个我们在后面的案例中会讲到。

事实上，除了对不符合平台规范的诱导关注、诱导分享以及三级分销等进行严格处理，微信官方并没有干涉公众号的各种电商尝试，但也没有出台相关扶持规则。行业中不少同行认为，微信内容电商的爆发点应该会在订阅号开通微信支付功能时，然而订阅号未来是否真的能开通微信支付至今仍未有明确回复。

11 月初小程序公测，认证后即可申请开通微信支付功能，业内不少人认为微信生态的电商机会终于要来了。即便现在微

信官方透露，小程序不能关注、不能分享转发，但如果微信生态依然遵循“内容 + 连接”这个核心本质，那么小程序在做好连接的同时，也可能会搭配相对应的比较好的商品文案介绍，这样才可能有高转化。如此看来，一篇包含产品简介、购买链接、物流查询等整个购买闭环相关功能的图文，就可以单独成为一个小程序了。所以小程序的未来，值得期待。

第五节
内容电商案例

【书单】

据【书单】创始人陈新焱介绍，【书单】的电商尝试早在 2015 年 10 月就已经开始。2016 年 3 月，陈新焱在接受【微果酱】采访的时候提到，【书单】的商业模式不算成熟，微店仅开业几个月，还只是他们的阶段性实验，但效果却出乎意料。那时候几乎没有听说谁在微信上卖东西，并不知道其前景如何。

所以【书单】团队最开始也有疑虑，不知道这个东西能不能成，但测试后发现大家原来是可以接受的，而订单量的数据也印证了他们对“内容 + 电商的连接是未来的方向之一”的判断。

除了卖书外，【书单】还卖笔、杯子、茶叶、月饼，甚至文胸等生活物品，均取得了不错的销售成绩。据陈新焱介绍，只要事先做好筛选工作，确保公众号推荐的产品是能打动自己的，那推出来的效果就不会差。这与公众号的定位和用户群体调性有很大关系。

陈新焱认为，“移动电商 + 消费升级 = 一种新的生活方式”。内容导购将大行其道。如果把 PC 电商叫作垂直品类电商，那么移动电商就是垂直人群电商。而移动电商是基于价值观发起的消费行为。公众号媒体最好别兜售你自己不会购买的东西。所以【书单】上的消费者更多的是基于认同其所提倡的生活理念而进行购物的，即便是几百元钱一个的杯子，也同样热销。

【书单】的电商风格风轻云淡，如同【书单】的内容风格、陈新焱的为人一样，是可学习可实践的。笔者认为【书单】的成功，在于“选品 + 内容”。内容和商品浑然一体，格调高雅。这是非常经典的内容电商模式，可归类为经典主义的内容电商，

也是公众号可以学习模仿的。

【科技每日推送】

早在2015年3月，【科技每日推送】宣传其撰写的《带你微信带你飞》一书时就开通了有赞，店铺名字为【美推优品】，并通过内容电商形式销售，从文案撰写、发货核对物流到客服都是一手包办。

2015年8月，【科技每日推送】暂停了电商文章的推送，为期5个月的第一阶段实验暂告一段落。这期间，虽然店铺销量一般，但也摸索出内容电商的一些套路。后面受到【书单】内容电商模式的启发，【科技每日推送】决定用回美推优品有赞店，完成商城端的设计以及产品分类后，通过现有的客户资源以及在公众号留下合作联系方式，以让产品方自己找上门的方式，寻找主力产品。

2016 年 1 月，【科技每日推送】配备好电商部的基本人员（包含产品对接、文案策划、客服等）后，重新启动了内容电商工作，并做出了不少成功案例。其中，其在 2016 年 4 月 26 日推荐的一款苹果和安卓手机都能用的数据线，短短 4 小时就产生了接近 1000 个订单。

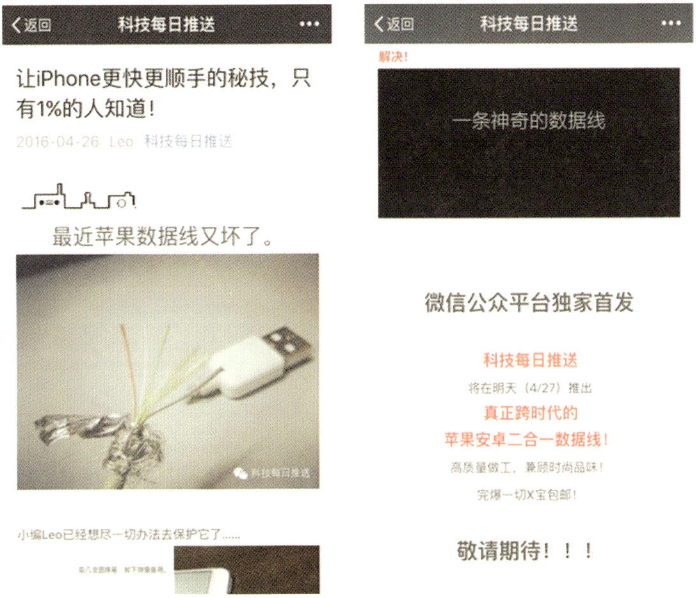

【科技每日推送】2016 年 4 月 26 日头条

除了数据线外，【科技每日推送】还推荐过智能自行车、智能水杯等产品，但效果一般，他们总结原因后发现，公众号做电商最重要的是选择适合自己属性的产品。比如，【科技每日推送】属于科技类账号，做电商应该要做数码 3C 类的产品，而且要做到物美价廉又实用。

【小小包麻麻】

笔者将【小小包麻麻】视为自己学习内容电商知识时的老师，说它是实用主义的内容电商。

内容上，【小小包麻麻】具体包括育儿知识和产品测评两大块，后者主要以短视频的形式呈现，每周推送一篇。另外，由于母婴人群的特殊性，其资讯获取和购买决策往往呈强相关关系，转化率颇高。2014 年年底开始，团队上线了闪购功能，开始其商业化的探索。据悉，公众号的购买转化率约 15%。

除了自己做电商外，【小小包麻麻】还通过投资、孵化等方式合作了一批母婴类的微信公众号，比如讲儿科健康的、儿童心理的，还有从常年旅居国外的妈妈的视角看海外教育的。目的是围绕妈妈人群，形成一个大的垂直领域媒体矩阵，提供给她们优质的育儿资讯和商品。

【军武次位面】

2016 年 10 月初，【军武次位面】在接受【新榜】采访时坦言，电商收入马上就要超过广告了。据介绍，【军武次位面】九成用户为年轻男性，因此很受游戏广告主青睐。

【军武次位面】创始人曾航认为："内容电商的核心是通过内容筛选出一批很精准的优质用户，为他们寻找喜欢的商品。"

所以除广告外，电商也成为“军武次位面”的重要变现模式之一，据悉其商城中的小说《亮剑》，每 10 个点击就有 1 个购买，精准粉丝的转化率非常惊人。

曾航在接受媒体采访时表示：“现在电商收入快占到一半了，马上就要超过广告，而且电商现在还是收着做。”

与黎贝卡联名款一样，【军武次位面】大部分商品采用的是预售模式，据曾航总结，这样的好处有四个方面：一是零库存；二是没有风险；三是可以测用户的反馈；四是不占资金。但缺点也很明显：用户体验差，下单之后往往十天半个月才收到货。

【安卓每日推送】

【安卓每日推送】从 2016 年四五月开始尝试做内容电商，经历了有赞、微果酱电商两个平台阶段，也经历了碎片化到常规化、日常化的演变。

在前期搭建好基础页面功能之后，【安卓每日推送】把重点放在了培养用户的购买习惯上，其中，比较有意义的一点是通过“爆品”的吸引力带动粉丝的购买。如【安卓每日推送】某次通过特殊渠道拿到 30 台市面上非常热销的手机，通过提前预热、定时开售的方式销售，不到一秒 30 台手机就被抢光，迅速地培养起一大批粉丝在其公众号上购物的消费习惯。

同时，【安卓每日推送】还通过部分低单价的配件类产品来提高粉丝的购买率。【安卓每日推送】寻找了一批低价、优质的配件产品进行促销，效果非常好，其中有一条数据线卖得太好，供货跟不上，只能中途遗憾下架，但这启发很大。

经过数月尝试，【安卓每日推送】的内容电商颇具效果，也意外发现【安卓每日推送】的用户黏性极其高，不仅与公众号相关的推文产品总能产生理想的销售效果，而且很多用户已经培养起消费习惯，会主动进入菜单栏商城挑选、购买产品，甚至是化妆品、生活用品等，也时常有人下单。

然而，【安卓每日推送】坦言，还是有几个问题要解决。第一是货源，没有货源或者供货不稳定是一个致命问题；第二是如何解决售后的问题，如果用有赞或自建电商平台是肯定要有专人来对接这个事情的；第三是如何解决电商内容产量的问题，在产品增加之后，要实现更高的营业额和销量，必须有持续的电商引导内容产出。这是一个需要长期坚持的工作，更需要有对每一个产品进行认知与判断。

第六节
关于“新零售”的一点看法

10 月份，马云提出了“新零售”的说法，认为“现在所说的‘电子商务’会成为传统概念，未来会是线下、线上、物流结合的‘新零售’模式。就像物流的本质不是快，而是降库存。只有线下、线上、物流真正结合，才能为企业带来更多收益”。在笔者看来，这也是一种O2O的表述，中间的“2”，由物流承担，完成线上和线下的连接。而马云之所以认为“电子商务”会成为传统概念，是因为淘宝的线上流量已经不足以驱动大的发展，必须与线下的流量连接，才能出现新的商业模式。

然而，微信正在创造新的线上流量，把远超过中国网民数量的用户数带入了移动互联网生活。从某种意义上说，微信是再造了互联网，或者是让互联网完全生活化了。所以，线上用户和流量的挖掘和增长，还有巨大的空间，公众号从业者如果开展电商业务，还是应该在线上做好媒体内容，而不要贸然切入线下；随着小程序的出现，连接的介质不仅是物流，而且是多样化的工具手段。新时代必然有“新零售”的出现，而“新零售”的形式，一定是多样化的呈现。微信公众号媒体的内容电商模式，也会呈现出不同于传统的新形态。

第六章

投资篇

资本正式进入公众号市场，是在2015年年初。2015年8月，笔者写了一篇《风再起时——公众号投资热真的来了吗?》，刊载于关于微信的行业公众号【微果酱】上，在当时公众号还并不像今天这样为社会所熟知的情况下，还是获得了近2万的阅读数，现附录如下，一是可以作为一个回顾，二是可以作为本章的引子。

风再起时——公众号投资热真的来了吗?

2011年是中国移动互联网元年，从那一年起，创业与投资，如同潮汐起落，一刻也不曾停息。期间刮起了两场风暴，一场是2012年的APP投资，一场是2013年的手游投资。既然是风暴，来得快去得也快。风口过后，一片狼藉。

2014年是移动互联网创业与投资的低潮期。在不寻常的沉静中，大家都在寻找下一个风口。

找风口其实不难，互联网流量在哪里，风口就在哪里。2014年开始，微信不仅在移动端的流量占比迅速扩大，而且为移动端带来新增流量——我们的父母，那些与互联网几乎绝缘的银发族，成为微信忠实的用户。2015年春节的微信红包风暴后，微信已经不再是一款移动互联网产品，而是成为中国人的生活方式。

问题随之而来，在这个风口，怎么投资？投资什么？

2014年我和一些投资商有过接触，他们对微信公众平台的态度，不外乎以下两点。

（1）微信会不会和微博一样，一阵风过后，被另一款产品代替。

（2）微信平台是腾讯的，平台上的内容和用户，终归是腾讯的，所以在上面投资很不安全。

说这些话时，投资商的眼神里，闪烁的都是人情练达的世故。

进入2015年，投资商的这两种声音渐渐微弱下去，他们或许是改变了成见，或许是别无选择——微信占移动端的流量比例，已经具有压倒性的优势。投资移动互联网，不投微信投哪里？投微信，不投微信公众号投哪里？

其实春节后投资商就没闲着，只是大家都比较低调行事，因为毕竟是一个新的投资类别，还有一个学习摸索的过程。5月份，【科技每日推送】估值一亿元，完成第一笔投资。此后，我还联合投资商，完成了对【财经早餐】等优质原创公众大号的投资，目前对更多优质原创公众号的投资以及与它们的合作，都在紧锣密鼓地进行中。

以我接触的投资信息判断，7月份开始，公众号投资热真的来了。风再起时，来的不是风暴，而是和煦暖人的春风。这一次的投资热潮，比起APP、手游时代要理性得多，因为微信公众号产品模式非常透明，内容、阅读数、用户数都一目了然；商业模式非常清晰："广告+电商+O2O"的闭环。最关键的是，公众号运营成本很低，使得很多原创公众大号都处于营利状态。一开始就不烧钱的投资，天生就是理性的。

投资热来后，大家最关心的是公众号估值的问题。估值的构成，主要由以下三点构成。

（1）公众号类型。垂直类原创大号类型分值最高，因为其最容易形成“广告＋电商＋O2O”的闭环商业模式，商业前景无限。

（2）用户基数。在数据真实的前提下，当然是越多越好。目前投资主要集中在50万～100万用户和100万用户以上两种用户基数的公众号上。

（3）阅读数。这是衡量内容的最直观数据。这不是以多少来判断，而是以比例来判断。及格线就是头条阅读数，24小时内要达到用户数的15%，比如100万用户，就应该达到15万个。

投资基本按粉丝单价估值，原创公众大号的粉丝估值单价每个在30～80元之间。上述三点是决定其单价高低的因素。【科技每日推送】5月份有140万用户，又是垂直类的科技媒体，除了广告收入外，还有电商导流收入和正在开展的与上千家实体手机专卖后、维修店的业务合作，因此其估值在1亿元，粉丝单价70多元。当然也有一些特殊例子，比如【玩车教授】目前有300万用户，估值为6亿元，单价高达200元，原因是【玩车教授】后还有一个人气很旺的汽车电商平台【车买买】，它的单价价值，已经不仅限于公众号平台。

30~80元的粉丝单价是什么概念？目前微信公众号粉丝获取成本在3~5元之间，估值是成本的大约10倍。粉丝获取成本以后会越来越高，也就代表着公众号价值会越来越高。

再理性的投资，随着市场热度的提升，也会出现非理性行为。所以，我有如下的建议。

（1）上述估值判断的三点中，原创号类型，只需要花300元注册，就可以获得你想要的任何类型，而阅读数和用户数，都可以做假。我相信投资热出现后，大量做假行为会涌现，这个投资商是要提高警惕的。

（2）目前有些原创公众号收入不错，所以对投资不大热衷，个人认为，在商言商，“产业+资本”是微信公众号发展的必然趋势。投资商曾经对公众号有成见，但现在已经有很大的转变。公众号运营者对投资商也有成见，认为投资商是来分一杯羹的，这实际上是对投资商的误解。

关于微信公众号投资和创业，我也在不断摸索中，所以，无论是投资商还是公众号运营者，欢迎来找我一起交流学习。

时隔近一年半的今天，笔者看回这篇自己写的关于公众号投资的文章，觉得到今天为止，文内的基本逻辑和数据都还是正确的，即使是在公众号媒体这个瞬息万变的市场里。不过，现在公众号媒体投资市场也发生了文中不曾预料到的一些变化，详述如下。

第一节
投资轨迹与案例

公众号投资的轨迹，几乎与公众号的盈利轨迹相吻合。2014 年，流量号已经开始盈利，微商、P2P 以及 2014 年腾讯开通的微信广点通流量主的收入，都是流量号广告收入的主要推力；原创大号以品牌广告收入为主，因此其盈利时间要推迟到 2015 年年初，2015 年年末进入盈利稳定期，2016 年下半年进入盈利高峰期。由于流量号缺乏原创内容属性，公司、财务的规范性都比较弱，因此 2015 年投资主要集中在原创号上，沿着原创号的盈利轨迹，在 2016 年下半年也进入了公众号投资高峰；另外，2016 年开始，流量号也不断向原创号领域切入，同时随着公司管理和财务规范逐步完成，从 2016 年下半年开始，资本也开始进入流量号。

附：2015—2016 年公众号投资案例

名称	融资轮次	融资金额	投资机构	公布时间	领域
好狗狗	天使轮	300 万元	梅花天使创投	2015 年 1 月	宠物
幸之在线	天使轮	数百万元	未透露	2015 年 1 月	情感
北美留学生日报	天使轮	数百万元	未透露	2015 年 1 月	媒体
企鹅和猫	天使轮	数百万元	真格基金	2015 年 1 月	美食
清单	天使轮	数百万元	经纬中国	2015 年 1 月	电商
经典绘本	A 轮	数百万美元	金沙江创投	2015 年 3 月	亲子
坏男孩学院	A 轮	数千万元	熙金资本	2015 年 3 月	教育
女神来这儿	天使轮	数百万元	PreAngel	2015 年 3 月	时尚
玩车教授	A 轮	1500 万元	孝昌水木投资、暴龙投资	2015 年 4 月	汽车
坏男孩学院	天使轮	500 万元	真顺基金	2015 年 4 月	教育
少年商学院	Pre－A 轮	数百万元	个人	2015 年 6 月	教育
懒熊体育	天使轮	数百万元	联科创盈	2015 年 6 月	体育
餐饮老板内参	Pre－A 轮	2000 万元	狮享家新媒体基金	2015 年 7 月	餐饮
彬彬有理	Pre－A 轮	数百万元	未透露	2015 年 7 月	女性
日食记	A 轮	1000 万元	九合创投、旦恩创投	2015 年 7 月	美食

（续表）

名称	融资轮次	融资金额	投资机构	公布时间	领域
一条	B 轮	数千万元	丰实资本、头头是道投资基金	2015 年 7 月	生活
军武次位面	天使轮	数百万元	未透露	2015 年 7 月	军事
酒业家	天使轮	1000 万元	狮享家新媒体基金	2015 年 8 月	美食
大象公会	A 轮	600 万元	真格基金	2015 年 8 月	文化
十点读书	天使轮	300 万元	狮享家新媒体基金	2015 年 8 月	读书
关爱八卦成长协会	A 轮	1500 万元	腾信股份、极客帮创投、中国平安	2015 年 8 月	娱乐
老美你怎么看	天使轮	数百万元	接力天使	2015 年 8 月	美食
女神来这儿	Pre－A 轮	数千万元	分享投资、洪泰基金	2015 年 8 月	时尚
CEO 说	种子轮	数十万元	苏河汇	2015 年 8 月	教育
企鹅和猫	Pre－A 轮	数百万元	真格基金、传媒梦工场、PreAngel	2015 年 8 月	美食
12 缸汽车	A 轮	千万元级别	狮享家新媒体基金	2015 年 9 月	汽车

（续表）

名称	融资轮次	融资金额	投资机构	公布时间	领域
B 座 12 楼	天使轮	未透露	狮享家新媒体基金	2015 年 9 月	创业
医学界	A 轮	2000 万元	道彤投资、爱康国宾	2015 年 9 月	健康
思享空间	天使轮	150 万元	以太资本	2015 年 9 月	教育
读懂新三板	天使轮	数百万元	未透露	2015 年 9 月	财经
老家山西	A 轮	5000 万元	山西宸晨地产	2015 年 9 月	旅游
罗辑思维	B 轮	亿元 +	中国文化产业基金、启明创投	2015 年 10 月	文化
同龄圈	天使轮	500 万元	洪泰基金	2015 年 10 月	亲子
接招	天使轮	数百万元	高榕资本、真顺基金	2015 年 10 月	创业
铅笔道	天使轮	480 万元	险峰华兴、真格基金、贝塔斯曼亚洲投资基金	2015 年 10 月	创业
足彩圈	天使轮	数百万元	未透露	2015 年 10 月	体育
好狗狗	A 轮	1000 万元	京东众筹、安芙兰创投	2015 年 11 月	宠物
P2P 观察	天使轮	1000 万元	汉鼎股份	2015 年 11 月	金融

（续表）

名称	融资轮次	融资金额	投资机构	公布时间	领域
开始众筹	A 轮	3350 万元	华映资本、浙江文创	2015 年 11 月	金融
灵魂有香气的女子	天使轮	300 万元	狮享家新媒体基金	2015 年 11 月	情感
军武次位面	Pre－A 轮	1000 万元	真格基金	2015 年 11 月	军事
南友圈	天使轮	2000 万元	英诺天使	2015 年 11 月	创业
鸟哥笔记	A 轮	2000 万元	越榕资本	2015 年 12 月	媒体
潮生活	天使轮	2150 万元	个人	2015 年 12 月	地方
科技每日推送	天使轮	未透露	未透露	2015 年 12 月	科技
同道大叔	A 轮	数百万美元	红杉资本	2015 年 12 月	情感
日食记	A＋轮	数千万元	浅石创投	2015 年 12 月	美食
金评媒	A 轮	5000 万元	无穷资本、广东文化产业基金	2015 年 12 月	媒体
无冕财经	天使轮	数百万元	个人	2015 年 12 月	财经
去了个痘	天使轮	200 万元	未透露	2015 年 12 月	女性
爸爸厨房	天使轮	数百万元	下厨房	2015 年 12 月	美食
雾满拦江	天使轮	1000 万元	个人	2015 年 12 月	教育

（续表）

名称	融资轮次	融资金额	投资机构	公布时间	领域
环球旅行	天使轮	500 万元	中原科创	2016 年 1 月	旅行
萌萌哒天团	Pre－A 轮	千万元级别	梅花天使创投	2016 年 1 月	娱乐
新智元	天使轮	270 万元	个人	2016 年 1 月	智能硬件
有车以后	A 轮	2400 万元	梅花天使创投、北京史努克基金	2016 年 1 月	汽车
知识分子	天使轮	未透露	真格基金	2016 年 1 月	百科
闹客邦	天使轮	200 万元	雷雨资本、老鹰资本、传媒梦工厂	2016 年 1 月	创业
政商参阅	A 轮	1500 万元	分享资本	2016 年 2 月	财富
北美留学生日报	Pre－A 轮	1000 万元	小站教育、北美省钱	2016 年 2 月	教育
三声	天使轮	数百万元	高樟资本	2016 年 2 月	创业
天生勇气	天使轮	数百万元	高樟资本	2016 年 2 月	体育
懒熊体育	Pre－A 轮	1200 万元	华人文化产业基金	2016 年 2 月	体育
华尔街见闻	C 轮	1 亿元	华人文化产业基金	2016 年 2 月	财富
毒舌电影	A 轮	未透露	未透露	2016 年 2 月	影视

（续表）

名称	融资轮次	融资金额	投资机构	公布时间	领域
硅谷密探	天使轮	300 万元	中科创星、集结号资本	2016 年 3 月	科技
快来租我	天使轮	500 万元	未透露	2016 年 3 月	情感
Papi 酱	首轮	1200 万元	真格基金、罗辑思维、光源资本、星图资本	2016 年 3 月	视频
二更	A 轮	5000 万元	基石资本、真格基金	2016 年 3 月	视频
泡果网络	Pre－A 轮	1200 万元	梅花天使创投	2016 年 3 月	财富
正和岛	首轮	未透露	头头是道投资基金	2016 年 3 月	财富
腾跃校长社区	A 轮	1500 万元	好未来（学而思）、卓越教育、高思教育	2016 年 3 月	教育
清博指数	天使轮	2100 万元	飞图创投	2016 年 4 月	科技
一条	B＋轮	数千万元	华人文化产业基金	2016 年 4 月	视频
读懂新三板	天使轮	数百万元	高樟资本	2016 年 4 月	财富
有马体育	天使轮	数百万元	高樟资本	2016 年 4 月	体育
德林社	股权众筹	600 万元	未透露	2016 年 4 月	视频

（续表）

名称	融资轮次	融资金额	投资机构	公布时间	领域
电影头条	天使轮	500 万元	寺库、金种子创投基金	2016 年 4 月	影视
翼下之风动漫	A 轮	2000 万元	bilibili	2016 年 4 月	动漫
美业观察	天使轮	200 万元	未透露	2016 年 4 月	创业
好有财	种子轮	2200 万元	峰瑞资本、经纬中国、一家大型金融机构、一位美国上市金融机构总裁	2016 年 4 月	财富
筷玩思维	种子轮	140 万元	导演毛赛男等	2016 年 5 月	创业
扑克投资家	天使轮	1000 万元	高樟资本	2016 年 5 月	财富
插坐学院	Pre－A 轮	700 万元	真格基金、新昂	2016 年 5 月	教育
星座不求人	天使轮	960 万元	英诺天使基金	2016 年 5 月	娱乐
地心引力新媒体工场	天使轮	1050 万元	华映资本、鼎聚投资	2016 年 5 月	教育
功夫财经	A 轮	1500 万元	合一集团	2016 年 5 月	财富
即刻视频	天使轮	1300 万元	东方弘道、经纬中国	2016 年 5 月	视频

（续表）

名称	融资轮次	融资金额	投资机构	公布时间	领域
敢玩	A 轮	2000 万元	动域资本、君联资本	2016 年 5 月	体育
餐饮老板内参	A 轮	5000 万元	美团、大众点评网、今日头条、源码资本、千味央厨	2016 年 6 月	餐饮
开始众筹	B 轮	1 亿元	昆仑万维、元璟资本、经纬中国、引爆点资本、盈动资本、道森资本、青骢资本	2016 年 6 月	财富
壹父母	天使轮	数百万元	头头是道投资资金	2016 年 6 月	教育
博望志	天使轮	200 万元	泽厚资本	2016 年 6 月	创业
Yummy	天使轮	400 万元	娱乐工场、砾石资本	2016 年 6 月	社交
掌柜攻略	Pre－A 轮	1000 万元	未透露	2016 年 6 月	创业
何仙姑夫	A 轮	2000 万元	清科岭协基金、华盖文化基金	2016 年 7 月	视频
一条	B＋ 轮	1 亿元	CMC、创伴、飞马旅	2016 年 7 月	视频
胡辛束	天使轮	450 万元	真格基金、罗辑思维	2016 年 7 月	情感

（续表）

名称	融资轮次	融资金额	投资机构	公布时间	领域
毒舌电影	A 轮	近千万元	BAI、合鲸资本	2016 年 7 月	影视
南七道新媒	天使轮	500 万元	易一天使	2016 年 7 月	创业
30 秒懂车	Pre - A 轮	1500 万元	汽车之家、华映资本、松柏资本	2016 年 8 月	汽车
大话铲屎	天使轮	200 万元	未透露	2016 年 8 月	宠物
功夫体育	天使轮	400 万元	宁波道简基金	2016 年 8 月	体育
罐头视频	Pre - A 轮	2000 万元	钟鼎宝捷会消费基金、华映资本	2016 年 8 月	视频
重庆嘿好吃	千万元级别	千万元级别	乡村基	2016 年 8 月	餐饮美食
差评	Pre - A 轮	千万元级别	未透露	2016 年 8 月	科技
玩车教授	A + 轮	3600 万元	广东文投	2016 年 8 月	汽车
小红唇	C 轮	6384 万美元	华策影视	2016 年 8 月	视频电商
吱道二手车	Pre - A 轮	1000 万元	博派资本、龙腾资本	2016 年 9 月	汽车
日日煮	A + 轮	3500 万元	阿里巴巴	2016 年 9 月	美食

（续表）

名称	融资轮次	融资金额	投资机构	公布时间	领域
深食季	天使轮	数百万元	开始众筹、创享基金	2016年9月	美食
新片场	C轮	7000万元	天星资本红杉资本	2016年9月	影视
牧视天成	天使轮	600万元	乐游资本	2016年9月	创业
企鹅吃喝指南	A轮	300万美元	BAI、平安创投	2016年9月	美食
有车以后	第三轮	未透露	真格成长基金、创金资本、蓝拓资本、真格基金	2016年9月	汽车
寻找田野	天使轮	300万元	辰海资本	2016年9月	电商
行周末	天使轮	800万元	头头是道投资基金、创享基金、老炮基金、安桥资本	2016年9月	乐活
WeMedia	A+轮	4000万元	PGA Ventures	2016年9月	财富
地心引力新媒体工场	Pre-A轮	千万元级别	创享基金	2016年10月	教育
医生汇	A+轮	3000万元	远毅资本、尚势资本、启赋资本	2016年10月	医药

（续表）

名称	融资轮次	融资金额	投资机构	公布时间	领域
三节课	天使轮、Pre－A 轮	千万元级别	集结号资本、知初资本、唯猎资本、险峰长青	2016 年 10 月	教育
果酱直播	A＋轮	数千万元	微影资本	2016 年 11 月	直播
猎云网	第一、第二轮	数千万元	泰德创业、五岳天下	2016 年 11 月	创业
火星文化	B1 轮	5000 万元	和光博雅资本	2016 年 11 月	文化
好动网球	Pre－A 轮	1000 万元	长石资本、春晓资本、九合创投	2016 年 11 月	体育
知识分子	A 轮	数千万元	宝宝树、好未来	2016 年 1 月	文化
嗨球科技	天使轮	数千万元	华人文化基金、腾迅、天迅投资	2016 年 11 月	体育
公路商店	Pre－A 轮	1000 万	联想之星、拙扑投资	2016 年 12 月	文化
云酒头条	天使轮	150 万	酒仙网	2016 年 12 月	美食
同道大叔	并购	2.175 亿	美盛文化	2016 年 12 月	情感
动旅游	天使轮	300 万	杭州基本粒子投资、银杏谷资本、二更	2016 年 12 月	旅行

＊以上信息根据公开资料整理，未经项目方和投资方一一确认。

根据上述表单，一方面，我们看到投资基本集中于原创号类型，基本都是股权投资模式；而另一方面，大量流量号也接受了投资，只是它们极少公开披露，其投资模式也不同于原创号类型，使用“债权＋股权”的模式。孰优孰劣，显然目前还不能做定论，但无疑公众号投资在2016年已经进入了高峰期，特别是2016年，感觉整个投资热都倒向了公众号领域，投资商也林林总总、形形色色，除了我们耳熟能详的一些VC投资机构外，上市公司、各类基金、各行各业的生意人、投资个人，都纷纷入场。然而，以笔者与各类投资商的接触，可以毫不客气地说，真正了解公众号媒体新产业，了解它的经营个体和群体，了解微信公众平台生态和公众号商业逻辑的投资商，凤毛麟角。大多数投资商的投资思维，还停留在过去的投资模式里，亟须转变。

第二节
傲慢与偏见：投资思维的转变

正如笔者在2015年7月写的有关公众号投资的文章所说的，资本方对公众号的认知过程是一个傲慢与偏见的过程。

公众号媒体投资的逻辑，既不同于传统媒体，也不同于互联网媒体。无论是投资传统媒体还是互联网媒体，其投资逻辑都是精英化思维，只是传统媒体投资偏向于内容和版权；互联网媒体投资偏向于产品和流量。这些投资，基本都是烧钱模式，因此资本方是傲慢的，资本方拥有话语权，对资本方的偏见，来自运营者。

公众号媒体则恰恰相反，由于运营者处于盈利模式，运营成本又比较低，导致运营者对资金的需求，低于对资源的需求，而运营者需求的资源，集中在微信平台上，资本方对此又无从帮助，导致运营者在与资本方的谈判中具有话语权，未免会滋生出一些傲慢的情绪。

资本方在公众号领域中谈投资，如果思维模式没有转变，会很不习惯。在传统媒体中，洽谈方基本是以“文化人”为主的媒体人；在互联网媒体，洽谈方基本是以理科生为主的技术开发者或产品经理，他们基本分属于有共性的一类人，拥有相近的年龄、背景和语境。但在公众号领域，运营者来自五湖四海，年龄跨度从“70后”到“90后”，背景各异，语境千差万别，资本方与运营者洽谈时会无所适从，自然会平添了一些带有偏见的看法。

资本方与公众号运营者洽谈，最容易问的两个问题是：

（1）公众号依附于微信，万一腾讯不让你干了怎么办？

（2）公众号现在是赚钱，但以后呢？怎么考虑做大？

基本提出这两个问题后，洽谈就结束了。运营者会增添傲慢感：第一个问题，你们根本不懂微信生态理念，还怎么在公众号上投资呢？第二个问题，我们赚了钱，甚至财务自由了，怎么做大犯不着你们替我们担心吧？资本方会加重偏见感：这是一群缺乏深谋远虑的个体户生意人，我们的资本退出方式堪虞。

面对公众号这一全新的媒体产业，投资思维必须转变，才可能进入这个领域，才可能在这个领域寻觅到优秀的投资标的。

第三节
公众号投资逻辑：
去精英化、去平台化的生态思维

媒体领域的投资逻辑，以往主要是内容和流量两个流派。内容思维的投资逻辑，主要集中在传统媒体领域和影视、娱乐等文化领域，其投资标的是内容和版权；流量思维的投资逻辑，主要集中在互联网媒体领域，其投资标的是用户和产品。这两种投资逻辑的汇合点，是创始人的价值。创始人的行业背景越深、知名度越高，就可能代表着专业性越强、行业资源越丰富。内容思维的投资逻辑，呈现的投资标的的显著特点，通常是品牌性和独创性的特点；流量思维的投资逻辑，呈现的投资标的的显著特点，通常是垄断化和平台化的特点。因此，无论哪一种投资逻辑，都会走精英化的路线，而且基本都是烧钱模式，于内容而言，是IP化，于流量而言，是平台化，最后都是中心化、垄断性的模式。这是两套投资逻辑的最高目标，最终通过资本市场获取股权回报。

这两套投资逻辑，在公众号这个全新的媒体产业中，却遇到了一些问题。

公众号的创始人，无论是原创号，还是流量号，基本都是草根出身，很多都没有专业和行业背景，即使是从媒体领域出来的创始人，在原单位也没有什么深厚的背景，而且通常个人标签非常显著。这些创始人，离文化媒体产业的IP化、企业化似乎还很远。

投资商看到的、值得投资的原创公众号，基本都赚钱，很多还很赚钱，因此估值都会比较高，对投资虽然也有需求，但不容易被投资商勾画的宏伟目标所诱惑。很多创始人也并不清楚，假如拿了投资以后，怎么具体可行地去规划和执行以后的发展，因此获取投资的意愿不是特别强烈。

流量公众号尽管具有巨大的用户流量，但这些流量都基本依附于微信公众平台。如果流量不能内容化，仅仅停留在效果层面，其留存和转换的价值将大打折扣，那么追求长期高收益的股权投资显然是不合适的。

正如我们在公众号思维的章节中提到的，公众号的运营思维，是内容思维与流量思维的合二为一，缺一不可，因此，在公众号媒体产业投资，也要将二者融合。在融合之前，首先要做到的是对公众号媒体内容和流量的深入认识。

（1）公众号媒体内容，源于内容生产力的大解放，是一场庶民的胜利。对公众号媒体内容的生产者、运营者，不必做太多行业和专业的背景要求，而是要根据他（她）们的实际运营情况做判断，同时也不要奢求公众号运营个体如何成为一个巨大的IP、如何进行影响巨大的品牌化，而是要追求公众号群体的IP化和品牌化；

（2）公众号媒体流量，是建立在微信生态的用户之上的。只有内容流量，特别是原创内容流量，才具有真正的存在价值。纯粹的效果流量，最终是腾讯的。因此，撇开原创内容谈公众号流量，甚至希望在微信公众平台建立非官方的效果流量平台，那无异于缘木求鱼。

综上所述，公众号媒体的投资逻辑，第一要做到去精英化和去平台化，第二要从原创内容入手，综合目前的原创号和流量号的运营，形成内容和流量相结合的公众号媒体矩阵，形成一个相互补充的、多样性存在的群体生态。

就目前笔者所见的投资个案（公开披露的只是冰山一角）而言，投资商基本还是将内容与流量分离：2015年的公众号投资基本只围绕着原创号；2016年除了原创号外，很多流量号也获得了投资。投资原创号的，基本是内容思维；投资流量号的，基本还是流量思维。能够同时做好流量号和原创号投资的，基本很少。

需要提醒公众号媒体运营者的是，有些原创号在拿到投资后，开始走上精英化路线，甚至在公开场合宣称要进行“去屌丝化”；有些则开始向其他平台、APP进军，谋求个体的巨大IP化和品牌化；有些流量号在拿到投资后，并没有怎么向原创号布局，甚至停止了原来在原创号领域切入的努力，开始一味地追求效果流量的增量和平台化。

这些都是比较冒进的行为，或许是资方的压力导致的。公众号媒体运营者必须清楚，公众号是一个全新的媒体产业，具有自己独特的并且还在动态发展之中的生态特征，没有人比运营者更理解这个生态，任何以往的外来的媒体经验，不假思索地套用进来，基本都会水土不服。

笔者所乐于见到的一种情况是，公众号运营圈子在2016年形成了一个自发性的相互投资的趋势，特别是流量号运营者和原创号运营者开始相互融合。尽管他们的投资规模比起专业的投资机构可以说是微不足道的，但在一个新兴产业中，在如此短的时间内完成行业的自我造血功能，倒也显示出公众号这个全新媒体产业的奇特之处，也证明了这个产业拥有兴旺的生命力。

第七章

人物篇

没有哪一个媒体产业像公众号媒体一样，汇聚了如此之多形形色色的鲜活人物。公众号媒体运营者，有从微博时代，就驰骋于社交媒体中的行家里手，也有刚刚大学毕业的姑娘小伙；有专注于某一学术领域的学院派，也有出身草莽的实干家；有具备多年资深经验的媒体人，也有没有任何媒体经验的菜鸟；有游走商业领域多年的老江湖，也有初生牛犊不怕虎的愣头青。

在从事公众号运营之前，他（她）们职业背景各异，受教育程度不同，年龄跨度极大，有些达到 20 年以上，却非常热衷于交流和分享，用“四海之内皆兄弟”来形容微信公众号媒体运营圈子，再恰切不过。他（她）们每一个人都有着属于自己的精彩故事，有着自己奋斗的历程。

2016 年 9 月 12 日，【微果酱】携手【微联同城】【科技每日推送】【书单】【玩车教授】【小小包麻麻】【财经早餐】【K 董】【化妆师 MK－雷韵祺】【1626 潮流精选】【十点读书】【FashionWeek】共 12 个公众号，在《21 世纪经济报道》上刊登头版全版广告，深情表白微信：“五年了，我们欠微信一句谢谢。是你，让我们开辟了创业的新时代！”

“谢谢体”通过传统媒体—广告圈公共营销—公众号扩散—企业关注传播—微信用户五大传播路径让事件高效发酵，广为传播，据不完全统计，参与推文的公众号覆盖了近 3000 万个用户，产生阅读数 300 万 +；微信群、朋友圈的传播覆盖了近 2000 万个用户。

12 个微信原创大号自发联合在纸媒上表达对微信的谢意，恰恰代表了公众号媒体人对微信公众平台发自内心的感谢。

笔者有幸参与了公众号这一全新的媒体产业，有幸成为千万个公众号浩浩荡荡的创业大军中的一员，有幸与很多公众号创业者成为朋友和伙伴，觉得很开心。

本书最后一章，表达的是笔者作为一名微信公众号媒体创业者的一点感言，以及笔者这一两年以来交往接触的公众号媒体中，一些平凡而可爱、聪明又勤奋的创业者的小故事。

这些微信人物故事，大多写于 2015 年和 2016 年年初，笔者很欣慰地看到，这些人物在微信公众号中的发展越来越好，无论内容，还是商业收入，他（她）们都取得了长足的进步。无论外界怎么漠视，甚至不断唱衰，公众号媒体人都专注而勤奋地开拓这个全新的领域，而这一批微信人物，便是这个新产业的蓬勃生命力的最好例证。

谢谢你！微信
——一名公众号媒体从业者的感言

“新媒体”“内容创业”这些词，从2015年开始火起来。所谓的“新媒体”会议，舞台上的人眉飞色舞讲的主题，大多数是微信公众号；所谓的“内容创业”，这两年产生影响力的，也绝大多数来自于微信公众号：【咪蒙】【papi】【黎贝卡的异想世界】【石榴婆】【罗辑思维】【六神磊磊读金庸】……

很少有公开会议，仅以公众号的名义来召集；很少有人知道，微信公众号创业者这个名称的存在，很少有人主动去了解这个群体的生存状态，以及他们的热情、理想和追求。2014年，市场对这个群体知之甚少，不以为意，2015年，对这个群体更多的是冷眼和看衰，2016年，对这个群体更多的是愕然和疑惑。

微信公众号已经占据了80%的移动端媒体内容，公关费用、广告费用向微信公众号倾斜，公众号电商已经涌现了一批成功案例，国内的互联网平台、国外的社交媒体都在仿照微信公众号媒体形态，但媒体学界没有专门的研究，媒体业界也没有认真地对待。

营销、公关、广告等与媒体业息息相关的行业，对微信公众号的态度如雾里看花，投资界对微信公众号的态度如水中望月，企业界如同当年争做网站、做 APP 一样，跟风做公众号，甚至还成立专门的新媒体部门，从事公众号内容创作，却绝大多数不得要领，不免东施效颦。

这真是一个奇妙的现象，而笔者对此却不以为怪，因为微信公众号的发展，迥异于所有已知的媒体规律，迥异于所有已知的营销模式；因为它太新太快，一直以超常规、超速度的形态成长，且一直处在动态的发展之中，自我完善、自我修补、自我成长，连它的母体——微信，也没有预料到它的发展轨迹。只是跟随其后，不断进行规范和修补。

微信与微信公众平台，如同天地与万物，“万物作焉而不辞，生而不有，为而不恃，功成而弗居。夫唯弗居，是以不去”。

微信创造了这样一个伟大的媒体生态，却从不以此沾沾自喜，官方也几乎从不做任何解读，不公布什么具体数据，不搞什么排行榜价值观，不会因为你是个千万粉丝的大号，拥有百万个阅读量而表彰你，也不会因为你只有几个阅读数或从不更新内容而取缔你；不会因为你是国家媒体或者权贵出身就照顾你，也不会因为你是自媒体或一穷二白就歧视你——终于构造出微信所期望的“天地无言、百物生长”的自然自在、生机勃勃的媒体生态森林。

笔者一直认为，要做好公众号媒体，需要读好几本书：《失控》《道德经》《平凡的世界》和《大江东去》。《失控》能帮助大家理解微信的产品，《道德经》能帮助大家理解微信的生态，后两本则能帮助大家理解公众号创业者这一群人。

前两本是社科类书籍，难读一点，后两本是小说，好读，《平凡的世界》更多是描写农村青年，《大江东去》更多是描写城市青年，读到里面的洪荒与力量，就读好了，就可以和公众号创业者这一群人打交道了。

假如你们连小说都读不进去，那么，听一下《美丽世界的孤儿》这首歌，起码也能够在 KTV，和一帮兄弟产生一些共鸣。

3 年来，笔者一直在公众号媒体的第一线实践，同时也从观察者的角度不断认知，下面不揣冒昧，和大家说说关于这个行业的一些看法和感言。

1. 关于公众号媒体的本质问题

（1）从产品分析：微信公众平台诞生以来，一直在优化和迭代，从原创保护到原创标识开放，从音乐插件到视频插件，从评论开放到后台编辑，不到4年的时间，一直在变，变得越来越好。

如同印刷技术、电波技术和互联网技术革新带动了传统媒体和互联网媒体的繁荣一样，微信从技术底层不断解决新的媒体的技术基础，同时不断赋予公众号作为媒体的产品功能和属性，在底层和应用两个方面，创造并且持续创新着公众号这一革命性媒体产品。

今天，全世界都在学习微信公众平台，包括Facebook、Kik……相信张小龙、相信微信，他们正在创造移动互联网的新生活方式以及最好的媒体产品。

（2）从成本分析：过往一切媒体，都存在巨大的成本问题，都需要较长的时间、巨大的投入，才可能盈利。平面媒体一般要3～5年的亏损期，电视、PC都不会少于这个时间，至于APP，更是遥遥无期。

公众号诞生后，以营销号为代表的公众号类通常在1年内实现盈利，而优质原创内容公众号、地域号，通常在两年内即可实现盈利。2015年年底开始，头部原创大号的盈利能力，已经十分惊人。

究其原因，不是运营问题，而是成本问题：基于微信公众平台的产品和技术底层，公众号的运营成本低廉，相比于以往的平面、电视、PC 和 APP，可以说是微不足道；基于微信庞大的活跃用户基数，公众号的用户获取方式相对便捷，成本相对低廉，和 APP 用户相比成本微不足道，活跃度却远超 APP 用户。

本质上，微信公众平台是一种新的媒体技术创新，如同印刷、电波和互联网的技术创新，带来了传统媒体和互联网媒体的繁荣一样，微信公众号创造出了一个全新的媒体时代。面对这样一个时代，因为其革命性创新和高速度发展而质疑其价值，并因此摇摆不定的人，不是保守，而是愚懦。

《纽约时报》不久前发布了一个名为《微信正在改变世界科技》的视频，表达了西方人对微信的理解、尊敬和恐惧。

2. 关于公众号产权不明晰的问题

公众号的所有权归微信所有。在中国，土地所有权是国家的，并不妨碍房地产的繁荣发展。买了房子的人不会担心 70 年后的问题，担心的往往是没买房子的人。拥有公众号的人不会担心所有权的问题，担心的往往是没有公众号的人。

但公众号产权设置目前确实有瑕疵，比如公众号不能转变认证主体，也就意味着投资商只能投资认证主体——公司，而不能直接投资公众号，对于多号运营的公司，或者主体有瑕疵的公司，资本的进入都会是一个障碍。如何厘定公众号产权，相信随着公众号媒体的发展，会逐步妥善解决。

3. 关于国家媒体的内容政策

在体制之内，如果大家还在台面上正儿八经地讨论这个问题，那是在彼此伤害彼此的智商和情商。

4. 关于公众号的用户问题

大家所疑虑的，无外乎公众号的用户，都是微信（腾讯）的，不安全。可 iOS 上的用户，不都是苹果的吗？安卓上的用户，不都是谷歌的吗？微信会封号，苹果就不会下架 APP？

现在微信的月活跃用户已经突破 8 亿，占据了移动互联网 80% 的流量，不做公众号，去哪里拿用户？资本方问这个问题，我倒可以理解，毕竟人家有很多鸡蛋，可能还有很多下蛋的母鸡，考虑多几个篮子实属正常；但一些从业者或者准从业者纠缠这个问题让人很无语：你就那两个蛋，可能还没有，就先考虑蛋的问题吧。

5. 关于公众号的商业前景

佛家有个著名的三重境界：

> 看山是山，看水是水。
>
> 看山不是山，看水不是水。
>
> 看山还是山，看水还是水。

行外人看公众号，第一眼看过去会觉得那么简单的一款产品，有什么价值？然后就给了公众号一个背影，却不曾想是给了新时代一个背影。笔者看公众号，第一眼也是如此，好在没有转身离去，而是迎头赶上，尽管未免撞得鼻青脸肿，脚步踉踉跄跄，却由此而悟到了这三重境界。

（1）3 年前第一次接触订阅号，笔者是蒙圈的：每天 1 次推送，8 条图文，15 个子菜单，这么个简而又简的媒体产品，又折叠在那么深的微信界面中，能干什么？怎么赚钱？

笔者在传统媒体年代的创业，能够赚到钱，但很难触达内容。PC 年代和 APP 年代的创业，乏善可陈，败多胜少，因为个人的精力，公司的物力、财力、人力，都大量耗费在不擅长的技术和产品上，而在擅长的内容和传播领域却难以发力。互联网的创业经历让我受益匪浅的地方，就是深刻认识到这一点。

（2）经过大半年的试错，发现订阅号很不简单：

- 在内容上，它融合了平面、视频和互联网的媒体内容及形式，像我们的科技大号【科技每日推送】，每天推送的内容包括漫画、视频、图文，每周会发布一款技术开发工具。

• 在传播上，它使用“阅读原文”、二维码、菜单栏等外链方式，可以广泛覆盖到朋友圈，也可以到达你希望内容传播到的地方（除淘宝、App Store 外）。

• 在产品上，它可以和服务号、企业号以及未来的应用号打通，从而形成服务闭环。

• 在工具上，它可以连接到卡券、支付（跳转服务号实现，未来会开放订阅号支付）等商业功能。

（3）现在订阅号依然是 1 次推送，8 条图文，15 个子菜单。可在我眼里，它是个无所不能、无所不达的连接器。它的后方，青山不老、绿水长流，是一个生机勃勃的生态系统。

广告、电商、O2O、内容版权是可见的 4 种商业收入。2016 年火爆的是广告收入，正在崛起的是电商收入，未来两年内 O2O 收入和内容版权收入也会陆续被引发。

6. 关于公众号的生命周期

智能手机行业的寿命有多长，微信的寿命就有多长；微信的寿命有多长，公众号的寿命就有多长。移动互联网是人类生活的一次革命性飞跃。

智能手机创造了移动互联网，而微信创造了移动互联网生活。智能手机死了，微信才有可能死。退一万步说，微信死了，内容却能永生，只是它的名字可能不再叫公众号而已。

友情提醒：做公众号是一个很累很累的活，想进入这个行业的人，无论是创业者还是投资人，都应该多关注自己的身体健康，少关注公众号的生命周期；思想单纯点，健康多一点。

7. 关于公众号的团队问题

公众号的运营团队都不大。以单一原创大号来说，二三十个人已经是大团队。而做得好的个人号、亲子号和原创号，很多都是夫妻档。这是一个很有趣的现象，让笔者想起改革开放初期的万元户（再次推荐阿耐的三卷本《大江东去》，特别是“80后”“90后”，要去了解这一段历史，这对做公众号有巨大的帮助）。

中国30多年来波澜壮阔的经济大潮，正是由这些第一个吃螃蟹、灰头土脸的勇者，掀起了第一朵浪花，其中一批人成为今日中国商业的中流砥柱。今天的公众号创业者，都是这个新时代的勇者。

两年来，笔者拜访过许多公众号创业者，他们大多出身草根，却在短短两三年创造了许多奇迹；他们从心底里崇拜张小龙，珍惜微信创造的这一片难能可贵、相对公平的创业环境，他们胼手胝足、勤奋吃苦的精神，他们精明的头脑和超强的执行力，他们的抱负和道德感，他们对现状的焦虑以及对这种焦虑的深刻反思和勇于交流，都大大超出了笔者对“80后”“90后”的固有认识。

如果你是从业者，感受不到这个行业的激情，证明你还没有真正投入；如果你是投资者，感受不到这个行业的努力，证明你还没有真正了解。

许多公众号运营团队还非常年轻，还存在一些不确定性，但一大批不断盈利又能居安思危、懂得感恩又不惮于交流、勤奋而又执着的创业者，让我看到20年来传媒行业所没有的朝气与生机。我也庆幸自己人到中年，还能触摸到新时代的强劲脉搏，与年轻人毫无障碍地交流和获得进步。

今天，尽管有一些高估值的公众号投资案例出现，但资本对公众号还是相对保守。在我看来，这是一件好事。因为这是个尚在襁褓中的朝阳产业，这是个能够实现自身造血的健康产业，这是个摆脱了传统媒体依附和屈膝的自尊产业，这是个远离了互联网“喧嚣与骚动”泡沫的理性产业，这是个“再小的个体，也有自己的品牌”的实干产业，这是个拥有共同目标，一群人在走，可以走得很远很远的产业。

这个产业的名字叫作公众号媒体。它将与电视媒体、互联网媒体（PC + APP）一起，成为当下和未来的三大内容媒体产业。

它发轫、壮大于微信公众平台，并且必将影响、扩大到国内外的其他互联网平台，必将影响、改变媒体内容的生产方式和传播方式。它不仅仅是一种新的媒体形态，更是革命性的媒体创新技术。

谢谢你！微信，让我在从事传媒行业20多年后，第一次找到了从事媒体工作的自尊和乐趣，找到自信和激情。

姚教授（【玩车教授】）

【玩车教授】创办于2014年5月，每天为用户提供专业的在线购车咨询及汽车导购资讯文章。

姚俊峰是我的小兄弟，这是年龄上的辈分。论起做微信公众号的资历，我俩恐怕要调换称呼。

【玩车教授】是微信公众号平台汽车类响当当的头牌，拥有近300万用户（目前已经突破800万，同时新号【车买买】也晋升百万大号之列）。用户在线上喊姚俊峰“教授”，我们也在线下跟风，只是加了“姚”的尊姓。

初次见面，姚教授一身整洁的衬衣西裤，精神飒爽，是一个成功商人的形象。接触下来，他又呈现出标准的媒体人气质，谈锋雄健而有节度、思维跳跃而有逻辑。

交往多了，才了解到姚教授曾经是一个成功的媒体人，也曾经是一个成功的商人，然后，借助微信公众平台，把这两种经历完美糅合——【玩车教授】除了是一个影响广泛的汽车自媒体外，还有一个强大的汽车销售平台。

姚教授是潮汕人。潮汕人具有经商天赋，他们的特点，一是精明强干，注重形象；二是非常抱团，说的普通话多带潮汕口音，让外人觉得多少有些距离感。

教授永远是整洁的衬衣西裤打扮，浑身上下透着一股子干练劲儿，操着一口流利标准的普通话，知无不言，言无不尽，让人受益匪浅。

姚教授是我接触的第一个百万用户大号创始人。当时我的用户还在几十万人的规模徘徊，有很多问题需要高人指点。姚教授的言传身教，让我少走许多弯路，渐渐也跻身百万用户大号之列。

为表谢意，我请姚教授吃饭。姚教授不擅饮，一杯浅酌，白净脸庞泛起红光。我们乘着酒兴聊起年龄，姚教授开口，举座哗然。

“无长无少，道之所存，师之所存”，诚哉斯言！

（后注：2016 年【玩车教授】等汽车媒体系列矩阵，获得了 7 亿元的估值投资，同时姚俊峰在视频、电商等方面，都做了战略性的布局。）

伟哥（【不贱不散】）

【不贱不散】，专注于搞笑图片、爆笑视频、幽默网文的发布。

第一次见到微信运营圈大名鼎鼎的伟哥，是在北京一个传统的红木装饰风格的茶馆里。伟哥胖乎乎的，斜坐在官帽椅上，白皙脸皮，一副漫不经心的样子。

那一刻，我以为自己走进了水壶传（相声《满腹经纶》）。

倒茶、递烟、开聊。

伟哥吸了口烟，深情地回忆起他的第一次——微信广告收入，那个叫陈安之的人……

伟哥是微信运营的老行尊，当大家还不知道微信公众号为何物时，他已经在上面安营扎寨，风起云涌了。

东北人都有天生的娱乐基因。伟哥经营的微信百万大号【不贱不散】，把生活中各种片段，通过幽默有趣的视频重现，令人捧腹，有时兴之所至，伟哥也会亲自操刀，自导、自演、自拍……

伟哥在圈内闻名，不仅因为原创视频、娱乐大众，还因为他的仗义豪情。作为微信运营的前辈，伟哥不吝扶掖后人，传道、授业、解惑，很多大号的成长，背后都有着伟哥胖胖的“倩影”，只是方式有时粗暴了些，比如我们出了一本微信运营的书《带你微信带你飞》。第一次出书，未免上下不安（相声《满腹经纶》），首发当晚，伟哥在微信群里大吼一声：容易吗人家出本书，还不是为了咱这行，赶紧买啊又不差这点钱！于是，一不小心，我们的书，居然就比较畅销了——出版社告诉我们，他们没库存了，要加印，通知我们一声，加印版税迟点再给。

伟哥大名邴伟。邴是一个很少见的姓氏。《三国志》里有个牛人，现在很少人知道，叫邴原，“此一世异人，士之精藻”（荀彧）。邴原因战乱避居辽东，不知今日东北邴姓和他可有渊源？

微信公众平台很精彩，因为聚集了一群真性情有才干的人。关于这些牛人，老黄会慢慢为你一一道来。

徐老师（【深夜发媸】）

【深夜发媸】，请认准正版微信号 shenyefachi ，逗比段子手→ 你来晚了，好久没见到这么有趣的公众号了。

那天开会，姚俊峰（【玩车教授】创始人）和我坐一排，兴致勃勃地给我看他手机里的一条狗。

一个黑衣美女，长发飘飘坐到了我身后，纵使会议室里满屋氤氲的人气，我也觉察到蒲松龄笔下女子孤冷的穿越感。

我撇下姚教授和他的狗，侧过老脸搭讪。

她的名字果然很聊斋——徐盐。

她是诗人，而且只在深夜写诗，于是，微信江湖里，就出现了一个分不清人气仙气、鬼气狐气的公众号——【深夜发媸】。

甭管人气仙气，鬼气狐气，出没在凌晨时分，能让几十万个粉丝深夜痴狂尖叫的，首要的是才气。

徐老师的诗字很少，句很短，骨架很瘦，感情很肥，有时直指人心，有时令人发指，有时寒潭秋水，有时鸡汤鸭汤。反正在司空图的《二十四诗品》里，我是找不到对应的风格描述。如果非要描述，只能称之为婋（diao）嫑（bao）。

我以为，徐老师不是在游戏诗词，而是在很用心地琢磨和实践微信手机阅读方式下诗的写作和表现方式。在徐老师的强大感染力下，她的粉丝纷纷投入新诗写作的滚滚红尘中。从这个意义上，我才理解年轻貌美的她为啥叫徐老师。

我很喜欢她的两句诗：

人生那么短，
我没有时间做个普通人。

论起辈分，徐老师是我的小小师妹，但作为她的粉丝，我也不得不叫她一声徐老师。

“朱弦一拂遗音在，却是当年寂寞心。”在移动互联网年代，有徐老师这样“干货”的“湿人”，诗歌不会寂寞。

妙总（【南宁圈】）

【南宁圈】，广西最大的区域自媒体，与南宁本地电视台、电台、报业集团及传统媒体形成互补合作关系，并通过微信平台切入至全媒体品牌的打造。

妙总说，要专门来公司拜访，这让我受宠若惊。

一进门，妙总掏出 3 个手机放在桌面上，都没电了，那一刻，看着妙总黝黑的皮肤，我觉得妙总不是从南宁，而是从南非过来的。得多么漫长的路程，才能耗光他 3 台手机的电量啊！

妙总和大多数微信创业者一样，年轻有活力，谈锋甚健。他经营的公众大号【南宁圈】，覆盖了南宁线上线下，给我的感觉是，南宁好像就这么个公众号了。

妙总马上谦虚地告诉我：“不是这样子的（南宁人都喜欢说这句话，而且南宁腔说出来特别有意思）。”

确实不是这样子，南宁本地还有很多不错的地区号，但几乎都和妙总有些渊源。

在做公众号之前，妙总从事过媒体业中的体力活：活动策划执行。我注意到妙总皮肤黝黑、身手敏捷，不知为何，脑海里竟浮现出巍巍高楼顶，广告钢筋架上攀爬的一个人影，那大概是户外广告圈里最敬业的一个老板了！

这一聊，就是 5 小时。妙总不烟不酒，我调侃他一心扑在微信公众平台的伟大事业上，他严肃地告诉我：是微信公众平台改变了他。

聊到兴起，妙总掏出他还有点电的平板电脑，详尽地展示解读了他一路上构思的微信商业计划。

嘘！这是个秘密，我不能给你们透露一丁半点，因为极有可能，我也会参与其中。

（后注：2016 年甄妙的脚步已经跨出了广西，发起成立了全国城市自媒体联盟【微联同城】并出任总经理。在媒体渠道上，甄妙做了从区域原创号到垂直原创号的布局；在媒体内容上，他在泛娱乐 IP 孵化方面也取得优异成绩。诚如上文所言，老黄所在的易简集团（股票代码：834498）先后完成了对【南宁圈】的两轮投资，一起携手在公众号媒体的全新产业中前进奋斗）。

猫老大（【豪哥说车】）

【猫老大】，草根对于机遇敏锐的洞察力跟执行力是他立足的关键，也是很多草根大号成功的最根本原因！

我不知道猫老大这个绰号的出处，我只知道，猫老大在微信营销圈子里名声煊赫。

初次见面，由于飞机误点，猫老大和他的弟兄们姗姗来迟，到我公司时已经万家灯火。

猫老大是个大块头，看不出一点猫的影子，往那一坐，倒是虎虎生气，甫一开腔，却是江南子弟的温和味道。

当晚的话题，自然围绕着微信。作为最早一批进驻微信公众平台的运营者，猫老大在瞬息万变的微信公众平台的天空中，把握机遇，畅意翱翔。

我有个坏习惯，逢宴必饮。新一代的创业者，生活习惯却远比我们这些媒体圈的老人好得多，没有宴席上觥筹交错的喧闹和虚伪，只是我做东的缘故，猫老大和他的兄弟们还是小喝了几杯。

席间，猫老大讲起他的一个兄弟的创业故事：微信公众号开放不久，他做校园号，却不知道怎么推广，于是印了许多小广告贴纸，上面是大大的二维码和跪求关注之类的广告语，贴在了大学城的每一根电线杆和墙面上，然后怀揣梦想，哼着小曲儿往回走，回到出租屋时，忽然天空炸响一声惊雷，瓢泼大雨倾盆而下……

猫老大在述说别人的故事，我却从中看到了他的影子。

没有人能随随便便成功，无论过去、现在还是未来。

MK（【化妆师MK－雷韵祺】）

MK曾供职于唯品会、《城市画报》。其公众号【化妆师MK－雷韵祺】获得大量90后女生的关注，订阅量已经超过150万+。

5月的广州，泡在了雨里，网上怨声四起，可你们这些新广州人吵个啥?！须知道，“落雨大，水浸街”是广州儿童的摇篮

曲，雨季才是广州的灵魂。

信步在5月西关的骑楼下，雨点敲打着青石板路面，满洲窗投射斑斓的色彩，从木趟栊后的西关大屋里，飘逸出幽幽软软的粤剧唱腔——老黄今天文艺得有点扯了，目的，就是要扯出我们的主角——MK。

MK娴静安雅，这是初次见面给我留下的深刻印象。

第二天，MK要乘邮轮去韩国，参加一个互联网女神的创业路演，然而我在她脸上，却看不出多少的兴奋和傲骄，这便是典型的广州西关小姐的气质。

MK在运营一个女性化妆大号（【化妆师MK-雷韵祺】），拥有几十万的铁粉（备注：这是2015年数据，2016年已达到150万），啊不，红粉。我没有资格当她的粉丝。她公众号里的各种化妆神技，我也看不懂。我看懂的，是她那篇真情满满、阅读量、转发数奇高的《为什么你一个女孩子要打拼得那么苦?》。

短短几年的工作经历中，MK完成了从理科高材生、媒体人到创业者的几次华丽转身，你绝对想不到，这个生活优裕、身材娇小的秀气女孩儿，那么能吃苦、那么敢挑战。

在北京的一次会议上，有人问我广州和北京的创业氛围有什么区别？不用问，有机会到广州来，最好找一个雨夜，和 MK 聊一聊，你就会知道，这个柔和的城市，有一颗多么强劲的原创的心。

（后注：2016 年，MK 的发展日新月异，她在内容孵化上继续深挖，并且开始了媒体矩阵布局，商业收入上，获得了品牌广告和内容电商的双丰收。）

汝斯（【拾文化】）

【拾文化】：文化改变生活，信仰照亮心灵，这是一个客观、理性、风趣的文化公园；也是一份有趣、有料、有内涵、有情怀的文化读物。

汝斯是西北汉子，高大魁梧，脑后盘个小辫，在广州晴雨交迭的燠闷天气里气喘吁吁，汗如雨下。

汝斯在微信运营圈子里非常低调，沉默寡言，饭局上坐他旁边的沙小皮（【视觉志】创始人）同志不禁问道：你咋不说话呀？汝斯憨厚地答道：我听、我学。

其实，汝斯和我有很多话说。那晚，在一家只有广州土著才光顾的粤菜馆里，我们喝着冰啤侃大山，渐渐，桌上堆起了一片啤酒瓶的树林，以至于大姐一样亲切的服务员非常关心地问我们开没开车，不让我们喝了。

汝斯是个非常年轻的文化人，他经营的文化大号【拾文化】，“逼格”极高，全部原创，没做过一分钱推广，70 多万用户，全靠在 2 年多的时间里，通过内容一个一个地攒出来，厚实得就像他的人一样。

因此汝斯的【拾文化】，成为第一批寥寥可数，拿到微信企业原创认证标识的公众号，对文化经营企业来说，我觉得这是无上的荣光。

汝斯在朋友圈，转过【拾文化】的一篇文章《一半一半》，获得高达 100000 + 阅读数和近千个点赞数；另一篇《为什么我们瞧不起土狗》，阅读数过百万，点赞数 2 万多。

看到《一半一半》这个题目，我脑袋瓜里蹦出来的，首先是郑智化的歌词：那成熟了一半的男人，和成熟了一半的女人，在成熟了一半的世界，做出了成熟了一半的事。

接着蹦出来的，是《西厢记 · 一半儿》的小曲儿：枕儿余，衾儿剩，温一半绣床，闲一半绣床。月儿斜，风儿细，掩一半纱窗，开一半纱窗。

总而言之，满脑诲淫诲盗的低级趣味，和汝斯的思想境界相差甚远。要沉静安心地做好文化，我必须向汝斯学习。

沙小皮（【视觉志】）

【视觉志】，中国第一视觉微刊，引领图片阅读时代。

微信的圈子里，往往是先认识公众号，再认识创始人，于是线上线下的初次见面，都是久仰久仰、钦佩钦佩之类的客套话，心里有时候却未免犯嘀咕：人未必对得上号。

【视觉志】是微信公众号自媒体的标杆式代表，沙小皮这个名字，在圈里如雷贯耳。【视觉志】给我的感觉比较文艺范儿，通过精美的图片，表现形形色色的人物故事。而沙小皮给我的第一印象，却是工程师的工科气质（而实际上，沙小皮是披着理工科皮的文科狼），皮肤偏黑，身板结实，即使是戴着眼镜，也是那种线条硬朗、风格低调的黑框眼镜。

乘着沙小皮来广州开会的机会，我将他生拉硬拽到了公司，名为宴客，实为偷师。

视觉类媒体是平面媒体的贵族。10 年前，杂志竞争已经白热化，一本《Vista 看天下》横空出世，前些年还十分畅销。

相比于传统媒体和渠道，移动互联网和微信公众平台更加适合视觉类媒体的发展。【视觉志】是完全依托于微信公众平台成长起来的视觉自媒体，有 200 多万用户（备注：2015 年数据，2016 年【视觉志】用户达 600 万以上，同时孵化了【蛙哥漫画】【她刊】等百万量级大号），每天数百万阅读数，已经超越了传统视觉杂志的总体阅读数。

【视觉志】让我喜欢的，不仅是图文内容，还有简洁的排版处理、色调搭配和细节处理，比如文章底部的二维码和关注指纹。动态的关注指纹，有很多公众号在做，但仔细比较，你会发现【视觉志】做得最细致，视觉上最舒服。

前些天，沙小皮在朋友圈里发了一张江南水乡背景、身穿大红花袄的艳照——能娱乐自己的人，才是媒体人。不过，不管背景如何文艺，花袄如何鲜艳，沙小皮同志依然是冷峻的工科范儿。我只能理解为，沙小皮的冷峻工科外表下，有一颗骚动的文艺心。

我看好【视觉志】的光明前景。

（后注：沙小皮完全专注于微信公众平台，2016 年，完成了文化视觉类公众号媒体的大布局，广告收入节节升高，已经成为公众号媒体行业的品牌广告收入标杆。）

旷峰老师（【奔波儿灞与灞波儿奔】）

【奔波儿灞与灞波儿奔】，逗比中的挖掘机！脱胎于《西游记》，为娱乐大众而生的两条欢乐鱼精！

微信公众平台是一个神奇的地方，上面有一个神奇的公众大号：【奔波儿灞与灞波儿奔】。说实话，这名字至今我念得还有些结巴。

“他叫作奔波儿灞，我叫作灞波儿奔。他是鲇鱼怪，我是黑鱼精。”这是《西游记》里面两个小鱼精的自述。他们从西游记一路欢快游来，从微博游到微信，为几百万个粉丝提供欢声笑语，正如八戒所说：“正要你鲇鱼黑鱼做些鲜汤！”【奔波儿灞与灞波儿奔】提供的鲜美娱乐鱼汤，比那些个所谓的心灵鸡汤滋补得多了。

初见旷峰，他长着一张标准的国字脸，浓眉下目光睿智沉着。影视剧里国字脸的浓眉男生，一般都扮演比较严肃的正派人物，何况旷峰浑身上下散发着浓浓的书卷气。那气质，想想你的中学语文男老师，大概便能捕捉一二。

这是娱乐搞笑的大神号【奔波儿灞与灞波儿奔】的掌门人？真是！旷峰老师一笑便露馅了，骨子里的顽皮劲儿从笑容里油然散出。

两条小鱼精的风趣对话，很像微信版的相声，而旷峰就像相声里的捧哏，揣着包袱扮正经，不显山不露水，冷不丁抖出一个，绝对直戳笑点。

饭桌上，我聊到对公众号原创内容未来的一些忧虑，旷峰老师冷不丁冒出一句："不要担忧。"这一句斩钉截铁的话，直戳我的痛点。我知道，旷峰在做【奔波儿灞与灞波儿奔】原创内容的线下延伸和扩展，包括动漫、游戏、书籍等。我所担忧的，恰是旷峰身体力行实践的。我相信，他的信心，在于多年在新媒体中的努力、耕耘和成果。

阿翔（【上海头条】）

【上海头条】，提供最鲜活的城市资讯，记录最有温度的城市生活。他们所做的一切，都是关于上海城市美学的补白。

3 月，我们来到江阴。

"暮春三月，江南草长，杂花生树，群莺乱飞。"这四句诗精准地描述出我对这座江南小城的初次印象。

到江阴，是为一次纯粹的朋友聚会，拜访的对象，是微信运营圈内一位人缘极佳的大牛——阿翔。

时值假日，阿翔的公司却是一片忙碌。甫一落座，阿翔就递烟点火，自己却不吸，微笑着，安静地坐在一边，陪着我们侃大山。

阿翔是较早进入微信公众号平台耕耘的开荒牛之一，论行业资历和经验，远在我们之上，然而一通聊下来，我听到他所说的，都是自己的不足和困惑。虽说过分的谦虚是那什么什么，可在阿翔身上看不出任何的做作。当时，阿翔在上海设立分公司不久，开始经营【上海头条】，面对着从内容、人才到运营上的一连串问题。短短数月，【上海头条】已经站稳脚跟，用户数、阅读数节节拔高。

午饭时，虽然我们总共才几号人，阿翔却恨不得把饭馆里所有的名菜点上一遍，包括河豚、刀鱼……理由是我们初次到江阴，一定要吃全吃好。豪客到来，饭店老板笑靥如花在一旁不断撺掇，那种气场，让我穿越回到20世纪90年代的饭桌上。

而在阿翔身上，我也分明看到了20世纪90年代创业者的影子——没有任何背景，十几岁便离开家乡，一切一切，都靠着自己双手打拼。自己吃苦耐劳，对人豪爽大方。

别以为阿翔年纪有多大。阿翔是标准的“90后”，他那超出年龄的稳重和勤奋，是一路艰苦奋斗过来的深深烙印。

（后注：2016 年，【上海头条】除了在上海区域媒体中形成矩阵外，又孵化了【不二大叔】【电影派】等原创大号，是目前老黄所见到的，无论在流量号，还是原创号各种类型中布局最完善、进步最迅猛的公众号媒体运营公司。）

猪鞭大人（【科技每日推送】）

【科技每日推送】专注科技生活的媒体，讲述苹果设备、APP 软件、智能设备的资讯、技巧和故事，并提供苹果设备保修状态、维修估价、回收估价、山寨机鉴别和维修点位置等的查询功能。

猪鞭大人，本名林兴城，【科技每日推送】的主编，之所以被称为猪鞭，据说，是因为有一群得了手癌的小编属下。

被这群小编属下如此爱戴拥护，想必猪鞭大人的内心是欣慰的，于是欣慰地赏了他们一发连环夺命催稿令。

夏至将至，又是一年毕业季，蓦然回首，猪鞭大人已经毕业3年，昔日少言寡语的理工男，如今已经是一个百万量级公众号的主编。

都说文如其人，在读者的想象中，猪鞭大人的形象，大概是这样：

尽管以上形象也是他的现实写照，不过，猪鞭的真容其实是这样的：和他丧心病狂、浪荡不羁的文字相比，他的外形显得平凡多了，有种只想安安静静做一朵美男子的气质。

初次见面，我就留意到他头上的斑驳白发，正当我感叹“少年子弟江湖老，肯定天天被催稿”时，他淡定地说，白发，那是很久以前就有了。

和多数理工男不一样，猪鞭大人虽有着一副理工男的颜，却操着一颗小文艺的心。尚还年少时，他曾抒写过不少多愁善感之词。

毕业后的猪鞭大人一直在美推公司默默耕耘，从小编做到主编，从兢兢业业的小员工做到带领编辑团队的“老司机”，这一路上的酸甜苦辣，都化成了头上日渐增多的白发。

如今，猪鞭大人的文风可谓浪荡不羁，耍得了逗比犯得了二，装得了文艺卖得了萌，自黑吐槽是硬技能。

他的属下都说，猪鞭大人的每一天，似乎像段子手一样活着，还要统筹编辑部的大小事务，是一个日理万机的段子手。

夏日余晖在西边的天空下，剪出一排建筑物的剪影。和普通人一样，猪鞭大人下班了，淹没于一大波下班族之中，忙碌了一天终于等来了一顿晚餐，走进一家潮汕饭店，点一碗牛肉丸粿条，似乎吃出了家乡的味道，他不由得停下了筷子，看着窗外淡淡地说："很久没回家了，去年的年假，又浪费了。"那一刻，我感觉，他的白发似乎又多了一些。

吃完一碗后，猪鞭大人稍微从乡愁中走出，笑了笑，说："世界上没有什么事情是一碗牛肉丸粿条不能解决的，如果有，那就两碗。"

（后注：2016 年，【科技每日推送】已经突破了 240 万用户，实现了本号的人物 IP 化，布局了【奇偶工作室】【漫谈手机】【未来感】【三三购物笔记】等从视频评测、智能设备、漫画到电商等类型的科技公众号矩阵，成为一个新型的科技生活媒体）。

黄伟强（【壹心理】）

> 【壹心理】，做国内最值得信赖的心理学品牌，提供最专业、实用的心理学服务和知识。

猴面包树，是【壹心理】创始人黄伟强的微信昵称。真正见过这种树的人，恐怕很少，但它的胸怀，它的价值，恰如伟强所专注的心理学领域。

今天的中国，物质上已经跨过了小康，精神上却回到了蛮

荒时代，不仅仅是道德水准下滑，更重要的是心灵感到孤独和迷惘。即使是这样，我们大多数的人，也只会埋怨和发牢骚，宁愿牛饮一锅又一锅勾兑了无数添加剂的心灵鸡汤，也不愿意去了解一下真正能抚慰心灵的心理学。

在我接触到的年轻创业者中，伟强是最具情怀的一位，对心理学专业的热爱，让你坐在他身边，聊起心理学话题，便感觉到一团火在熊熊燃烧。

伟强在心理行业坚持了13年，不仅仅是学院派，也不仅仅是一位互联网人，有着极强悍的执行力，真正了解伟强的人，会称他为新媒体运营圈的鼻祖。早在饭否时代，伟强就已经非常活跃，新浪微博崛起，微信平台开放，他都很快拥有上百万个的粉丝，在百度搜索“实用心理学200条”，那些经典的心理学段子，基本都出自他的手笔。如今，在客户端、PC端和微信端，【壹心理】拥有上千万精准用户，是心理学领域当之无愧的第一名。

心学集大成者王阳明，提出“知行合一”的思想，不仅提振了明代中叶死水一潭般的局面，还深刻影响了中国的文化格局，日本的明治维新也深受影响。

在我看来，伟强就是“知行合一”的践行者，希望通过互联网、通过心理学，去帮助每一个人走出心灵困境。所以，他最早用新媒体去传播心理学，连接需要心理帮助的人；他第一个推出心理 FM，一个每天治愈 110 万人次的心理治愈电台；他敢于用心理咨询轻问诊 APP 的方式，去帮助人们解答心事。尽管心理学领域在中国处于早期阶段，注定这是一个漫长而艰巨的过程，也使得伟强的奋斗，显出些唐吉诃德式的无奈和孤独。但也许，这只是黎明前的黑暗吧。

猴面包树，是世界上长得最大的树，也是世界上长得最笨的树。这就是伟强取之作为昵称的深刻含义。

（后注：【壹心理】在 2016 年完成了估值高达数亿元的融资，在线上培训课程等方面取得长足的进步）。

黎贝卡（【黎贝卡的异想世界】）

【黎贝卡的异想世界】，主张“让时尚更有趣”，本着小白鼠的精神，把多年血拼经验通过推送分享。明星穿搭、轻奢好物、美容日记、新品资讯，应有尽有，堪称“买买买圣经”“花钱明灯”。

【微果酱】【微信人物】出了十几期，女性人物只写了两位，其他清一色的大老爷们儿。【微信人物】都快成《水浒传》了。

女性运营的公众号，都有鲜明的个性。“人如其号，号如其人；人号合一，谁与争锋。”基本从公众号里就能一窥人物风采。【黎贝卡的异想世界】【深夜发媸】【化妆师 MK－雷韵祺】【石榴婆报告】【Ayawawa】【张德芬】等等，莫不如此。

黎贝卡和老黄，同住广州城，共饮珠江水，却一直无缘认识——上个月本来约好见面，结果她临时飞去巴黎看法网，一边看世界，一边写文章。我能做的事，只能是去好好研究【黎贝卡的异想世界】这个公众大号。

走进【黎贝卡的异想世界】，如同走进了一个琳琅绚烂的时尚天地。老黄最害怕逛商场，特别是陪老婆逛奢侈品店：奢华的装潢、精致的货品、漂亮的店员、咋舌的标价，而我分明看到美丽背后的杀气。每次身临其境，仿佛自己就成了“美丽世界的孤儿”。

在【黎贝卡的异想世界】中，当然没有这种压力，老黄仔细研究里面的图文，想象着这个异想世界背后的魔法师——黎贝卡，到底是怎样一个女子。

7 月，黎贝卡终于走进老黄的公司。美丽、时尚是在想象之中，亲和、有趣却在意料之外。黎贝卡读的是新闻专业，毕业后供职于媒体，担任过著名的《南方都市报》的首席记者。职业生涯辉煌之时，一个美丽转身，投入新媒体的创业大潮之中。

【黎贝卡的异想世界】里，满是 100000 + 阅读量的文章、多个时尚品牌的捧场、粉丝们对“卡卡”“教主”的崇拜……在新媒体里，我已经看到很多传统媒体人的华丽转身，她们在从业理想、敬业精神和内容厚度上，为微信公众平台构建了一道道亮丽的风景。

黎贝卡在开车来的路上，发生了一个小插曲：和别的车发生剐蹭，而且偏偏是刮掉了右后镜。老黄公司的位置导航比较难找，而黎贝卡跟大多数女司机一样属于路盲，开着一辆耷拉着右后镜的汽车，一路迷茫、一路寻找，居然还是到达了。

直到我看了黎贝卡写的《没有无聊的生活，只有无聊的人（我为什么辞职）》的准自传后，才发现她有过很多次“人在囧途”的经历，比如在巴黎曾被打劫，弄断了腿，不得不坐轮椅回国。

一个有趣的美女加才女，加上勤奋、敬业和努力，让【黎贝卡的异想世界】在不到 1 年的时间里，风生水起、成绩斐然。

最后，得瑟一下，黎贝卡是我的小师妹。【深夜发媸】的徐老师也是我的小小师妹。她们让我这个混日子的老老师兄脸上倍儿有荣光，四处跟人炫耀。

（后注：到了 2016 年，【黎贝卡的异想世界】已经成为公众号媒体上的一个具有深远影响力的符号。除了塑造了品牌的价值外，【黎贝卡的异想世界】在商业上也获得了丰收，而且是品牌广告与内容电商比翼齐飞。）

张芃（【英国那些事儿】）

【英国那些事儿】，全英国最受欢迎的账号，事儿君告诉你在英国发生的各种奇奇怪怪最搞最有意思的大小事。

【英国那些事儿】有多出名，不用问别人，老黄的朋友圈里，就经常有朋友转发。看了让人乐不可支。那些事儿本来就非常有趣，再加上作者的生花妙笔，就产生了强大的传播化学效应。一个从来不做任何推广的公众号，却拥有百万量级的忠实用户群体，每天有百万以上的阅读量，是名副其实的海外第一大微信公众号。

在微信运营圈里，见过【英国那些事儿】的创始人张芃的人，估计非常少。张芃生活在英国伦敦，我也是在 2015 年 5 月的微信原创会议上才有缘见面，可谓惊鸿一瞥——小伙子专门从伦敦飞回来参加会议，开完会第二天又马上飞了回去。（备注：一年后的 2016 年 5 月，老黄在伦敦开会，得空揪着张芃一起吃龙虾喝啤酒，发现小伙子其实很健谈，而且是伦敦“地

胆”，比英国人还懂伦敦）

中国国际广播电台有一档节目《老外看点》，用中国人的语言，老外的视角看世界。我印象特别深的是一期节目里，说到行人闯红灯仿佛是中国人的恶习时，一个法国主持人操着标准的京片子惊呼道：“谁说的！我去过那么多国家，除了德国和日本的行人，真的非常守规矩外，其他国家行人闯红灯不稀奇啊！”（备注：不稀奇，伦敦街头闯红灯，绝对猛过北上广。）

【英国那些事儿】也是用中国人的语言，老外的视角看英国。只是张芃变成了老外。通过张芃的视角，我们看到了传统媒体上看不到的英国，看到了一个充满趣闻轶事的鲜活英国，看到了一个接地气的真实英国，有时候，你还可以通过张芃的视角，跨越英吉利海峡，俯瞰欧洲的生活百态。

张芃很年轻，不怎么说话，说起话来言简意赅，仿佛一直处于工作状态之中。我找了个轻松的话题，问他在英国，白人用微信用得多吗？他说用得多呀。我问为何，他说白人小伙子都以交中国女朋友为荣，所以纷纷成为微信的忠实粉丝。我说张芃，你对英国的生活观察真是够细致入微的，完全就是个英国百事通。

每天8篇文章，大多是张芃亲笔写的，这也是为何张芃来去匆匆的原因。据我所知，张芃参加会议，在广州待了两晚，两晚都在写稿，吃饭没时间，只好叫外卖。一个典型的工作狂。

张芃的才华和努力，让【英国那些事儿】成了英国最大的新媒体。我想，张芃对海外新媒体的规划，远不止于此，2015

年7月5日，张芃在公众号里发招聘广告了，我看到里面的关键词就这几个："中英文写作""亲民""自由""欢乐"。这活脱脱是【英国那些事儿】的风格呀！

有对新媒体感兴趣的符合条件的伦敦朋友，强烈建议去面试。微信公众号是移动互联网新媒体发展的未来，如果有中英文写作能力，又能得到张芃这样的微信写作高手的指导，在新媒体这块的个人发展前途简直不可限量。

小卷（【毒舌电影】）

> 【毒舌电影】，麻辣点评院线大片，提供最权威观影指南，推荐经典冷门电影，分享不朽银幕传奇。

微信公众号的创始人，都有自己的绰号。这个行当的人，好像没有递名片的习惯，有名片，上面印的往往也是绰号。所以老黄见过运营圈的很多人，却只知其号，不知其名，颇有"相濡以沫，不如相忘于江湖"的道家仙味，也让很多行外人很不适应。

一个个人绰号，一个微信公众号，是研究微信公众号运营圈的入门知识。

小卷是【毒舌电影】的创始人，小卷的合伙人陈植雄（也就是微信文章中经常出现的毒 sir），曾经是《看电影》杂志的编辑，后来与小卷在网易电影频道共事，直到联合创办【毒舌电影】，他们的缘分来自于对电影和媒体的执念。或许是因为电影领域的缘故，听到小卷这个绰号，在我脑海中浮现的第一个关键词是“栗原小卷”，老黄少年时期的女神偶像。也许，叫小卷的，天生就是吃电影这碗饭的。

毒舌小卷亲临敝司，老黄自然格外殷勤，早早地在茶房煎水烫壶、温杯醒茶。“毒舌”的舌头果然很毒，端起茶杯，轻抿一口，粲然一笑：“老黄，是枞茶吧?”

“毒舌”其实一点都不毒，很爱笑，典型的江西南昌姑娘，身材娇小、皮肤白皙，柔秀里透着一股子机灵，说起话来快人快语。小卷也是传统媒体人出身，毕业后在《东方早报》工作，然后南下广州，从网易、3G 门户到微信创业，从传统到互联网，从互联网到移动互联网，从移动互联网到微信，一路走在媒体发展的最前端，可见小卷对媒体行业的执着。

【毒舌电影】是我个人非常喜欢的一个公众号，具有非常鲜明的微信新媒体特征——说人话，做人事，文章嬉笑怒骂，用户打成一片。因为深谙微信内容运营的精髓，【毒舌电影】横空出世，不到 1 年时间就成为电影领域流量最大的公众号：100000 + 的头条阅读数是必需的，几千个点赞也是常态。

近期传统媒体圈流传着一篇资深媒体人写的《很多新闻老兵突然感到，一生纸上，被风吹乱……》，认为传统媒体人在新媒体年代一定可以涅槃重生。我支持这个论调，不过不喜欢作者字里行间的优越感，也不喜欢传统媒体人煽情的调调。我喜欢实干家。这篇文章的标题，就很不新媒体。

传统媒体人在微信公众平台上早已大放异彩：罗胖子、徐一条、徐达内、石榴婆、黎贝卡……他（她）们换了个平台做事而已，有声有色、有滋有味，没啥涅槃重生的悲壮色彩。

小卷就这么快快乐乐地做着【毒舌电影】，所以【毒舌电影】的风格也总是那么快快乐乐的。《大众电影》曾经单期发行量达到惊人的947万册，至今保持着杂志单期发行的世界纪录。那是1980年，绝大多数微信运营者还没出生。纪录的诞生，是为了被打破。在微信这个新媒体生态上，我期待着哪一天，【毒舌电影】的当天推送能突破千万个阅读数。这不是痴人说梦，事实上已经有公众号可以做到了。

（后注：现在的【毒舌电影】，是中国电影文化新媒体的一面新旗帜，具有很大的影响力，在2016年上半年，完成了估值3亿的投资。）

徐达内（【新榜】）

【新榜】，跨平台新媒体数据服务商，旨在构筑中国新媒体第一站，使【新榜】指数成为中国移动互联网渠道价值标准。

徐达内是媒体名人，无论是传统媒体，还是新媒体领域。

传统媒体属于精英阶层，“影响有影响力的人”；新媒体属于草根阶层，“四海之内皆兄弟”。

在老黄看来，徐达内是传统媒体精英阶层的草根代表，新媒体草根阶层的精英代表。

8 年前，他在 FT 中文网开设的专栏“媒体札记”，而今变成了订阅号【媒记】。从名称改变上，可以管窥徐达内从传统媒体向新媒体的心路历程——在上海时，徐老师私下跟老黄说，想改成【煤渣】，后来还是用了“媒记”这个缩写。老黄揣测，毕竟【媒体札记】大量的粉丝，还是在传统媒体上积攒过来的，不宜草根得矫枉过正。

徐达内在新媒体领域，除了【媒记】，更著名的是他创办的【新榜】。短短一年多的时间里，【新榜】已经成为微信公众号运营行业的风向标，运营者以此为标尺、投资者以此为标的、广告主以此为标准。这一切的背后，是徐达内风尘仆仆的身影。

徐达内的旺盛精力，大概和他每周踢 3 场高强度的足球有很深的关系，不过也留下了“后遗症”：徐达内走路，走得快时，是急吼吼的前倾冲锋；走得慢时，是左右晃动的过人动作，一看就是踢前腰的。

老黄很多同学和旧友在传统媒体工作，要么愤世嫉俗，要么温文尔雅，要么尖酸刻薄，要么仰望星空，徐达内这种风格的，少见，特别是那一头狮子一样的发型，和齐达内的光瓢又有天壤之别，倒有点马拉多纳当年的姿彩。

老黄有很多今雨新知在微信公众平台上耕耘奋斗，但也鲜有徐达内这样的空中飞人——他的微信朋友圈消息，几乎都是飞行状态。这一年多来，【新榜】组织了多少场大规模的行业会议？多少场垂直领域的研讨会议？细思恐极、佩服之至！

徐达内运用自己的媒体从业经验和影响力，以及近乎“变态”的勤奋，让江湖之远的微信公众号运营圈能够吸引庙堂之上的目光、能够得到投资商和广告主的青睐，仅此一点，老黄作为一个微信公众号创业者，就要向徐老师拱手称谢。

“君子敬而无失，与人恭而有礼，四海之内，皆兄弟也。”祝愿【新榜】越办越好，为微信公众号平台的四海兄弟们创造更大的媒体和商业价值！

（后注：2016 年徐达内因为在新媒体的优越贡献，获得了多项大奖，【新榜】也成为新媒体的行业标杆，并获得资本市场的高估值。天道酬勤，是之谓也）。

谢晓鹏（【吃喝玩乐 IN 广州】）

【吃喝玩乐 IN 广州】，挖掘隐藏在广州的那些秘密，带你追寻那份属于这座城市的回忆。

食在广州。在广州生活，幸福指数最高就是——吃！广式月饼风行天下的原因无它——好吃！

2014 年年初，老黄就关注了【吃喝玩乐 IN 广州】。大众点评不靠谱（这不是我说的，是【边度】的黎文说的），【吃喝玩乐 IN 广州】就是最好的广州觅吃指南（这是我说的）。

认识【吃喝玩乐 IN 广州】的创始人谢晓鹏，是在 2015 年 8 月。那天【新榜】和南方日报社在广州联合举办“白媒体掘金时代”盛会。会议结束后，老黄招呼吃饭，呼啦啦几十号人马冒着大雨冲进一家餐厅，把餐厅经理吓了一大跳，以为是什么社团聚会，最后是【高质量生活知识】的伟航兄弟结的账。老黄借着【新榜】的幌子、伟航的银子做了一次东，惭愧！

饭桌上，认识了晓鹏。很难将面前这个文静朴素的小伙子和那个色香味俱全、妖娆活泼的公众号联系在一起。这让老黄想到了钱钟书婉拒采访时的名言：吃了鸡蛋觉得味道不错，何必要见那只下蛋的母鸡呢？

【吃喝玩乐IN广州】是广州地区第一大地域号，拥有近70万忠实粉丝（备注：2015年数据，2016年已经突破百万），广告收入相当强劲，原因不问晓鹏我也知道，效果好呗！因为老黄也根据【吃喝玩乐IN广州】的指引，帮衬过好几家餐厅。

餐饮、旅游这些行业的广告效果，非常直观有效，不像其他类别的品牌广告，明明给它们带去了极大的流量，但在他们那就反馈不出直观效果，这也是目前公众号类别里面，地域号比全国号活得滋润，收入较多的一个原因。

第二次见晓鹏，是在【微果酱】的一次分享会上（会议得到了国馆——【物道】【经典短篇阅读】的伟林兄弟的鼎力支持，感谢），晓鹏在嘉宾问答环节提出了很多问题。其中最经典的一个是，他不知道如何有效管理广告价格，总觉得提价不好意思跟客户说，这个客户收便宜了，那个客户收贵了，心里也不安。负责回答问题的嘉宾——【玩车教授】的姚俊峰同志，以他一贯的磅礴气势指出价格是一定要升的，因为姚教授也是要吃饭的。估计晓鹏听完也一头雾水，因为姚教授讲完后，晓鹏直接把下一个想问的问题给忘了！

会后和晓鹏聊天。晓鹏又问了一些问题，比如地域号的内容如何提升、盈利模式如何发展等。老黄最讨厌好为人师的人，但人老了，往往就会变成自己年轻时讨厌的那种人。晓鹏说上次见面，你劝我把 APP 项目砍了，我回去马上就砍了，这话说得老黄心里很舒服。

率直、好学、果断、醒目的晓鹏兄弟，你手里攥着那么多优质用户，又在广州这座美食饕餮之城做吃喝玩乐的公众号，什么问题都不是问题，这块土地足够肥沃，平台足够公平，你足够努力，收成那是迟早的事。

（后注：2016 年【吃喝玩乐 IN 广州】依然牢牢占据着广州本地公众号媒体的领先地位，并且也不断进行本地媒体的矩阵布局，越来越富有战略性。）

樊不凡（【任真天】）

【任真天】Big 笑工坊主持人任真天（唐唐）的公众号，《唐唐脱口秀》每周三更新，《唐唐神吐槽》每周六更新，不定期更新的还有《唐唐爱 GAME》。

在创业之前，樊不凡的人生轨迹是这样的：部队子弟，性格大大咧咧，跟父亲学过点散打功夫，大学创办过跆拳道俱乐部，而且诡计多端，成功“骗”到一朵美丽的校花。

大学毕业后，在中信集团上班，度过了短暂的“纯真时代”——和女友过着朝九晚五、幸福安逸的生活，读书写字、买菜做饭、锻炼身体，壮得跟小牛犊似的，行有余力，则写些让人发噱的段子在网上发表。不料有一天，女友不辞而别，留下一张字条，大意是：青春不该安逸，年轻人应当有远大追求和事业。

文章憎命达！只有心中块垒，方能浇出锦绣文章。适逢微博兴起，樊不凡对中信集团挥一挥衣袖，踏上新媒体创业的不归路。于是【当时我就震惊了】横空出世，聚拢近3000万粉丝。从这个微博的名字上可以想象出樊不凡当年冲冠一怒为红颜的愤懑。

新媒体真不是人干的事。粉丝有了、钱有了、名有了，却还要没日没夜绞尽脑汁劳心劳力，于是樊不凡缺乏锻炼的身体开始发福、阳刚朝气的脸庞开始沧桑。

然而，樊不凡又开始憧憬一段新的爱情了。不过钟情的姑娘却告诉他：生活应该要安逸幸福，事业不重要，钱多不重要，重要的是颜值……

这便是生活中不能承受之轻吧！

适逢微信龙兴，樊不凡再一次化悲痛为力量，不过境界已经超越了【当时我就震惊了】的局限，于是我们看到拥有近400万粉丝（备注：目前已突破600万）、人气排名全微信第五的【任真天】，拥有100多万粉丝的【娱乐圈扒姐】，还有全网影视吐槽类点击量第一的视频节目《Big笑工坊：唐唐神吐槽》，在人潮汹涌的微博、微信、视频各个平台上制造出无数笑声。

樊不凡实在是个很有趣的人，在他身上，有太多反差强烈的东西并存着：比如身材牛高马大，笑起来却调皮捣蛋；比如长相霸气侧漏，一说话却给人可爱的、萌萌的感觉；比如上台演讲经常忘词，却能让听众捧腹大笑——他天生就是做娱乐的料，戏剧冲突不正是娱乐的本质吗？

樊不凡天生爱逗人乐，人越多就越兴奋。【微果酱】的上海发布会上，他的主题演讲让会场笑声不断。会后聚餐他还意犹未尽。我迟到了些，走进宴会厅时，却只听到一片相机咔咔咔的快门声，在一帮兄弟的围观拍摄中，樊不凡手指勾着皮外套搭在肩头，表情妖娆地走着猫步……

其实逗归逗，樊不凡做起事来，却无比认真。他来广州出差，我请他吃饭时他还不忘工作，约了一个素未谋面的传统媒体的编辑谈事。文质彬彬的年轻编辑，甫一落座，在大大咧咧、虎视眈眈的樊不凡面前显得很不自然，樊不凡却自顾自地滔滔不绝锣鼓喧天地和人家谈起了合作。

人家小伙子最后忍不住了："樊总，你怎么看着不像做媒体的人？"

樊不凡愕然："那我像做什么的？"

"看着像做实业的。"

后来，樊不凡问我："老黄，做实业是做什么的？"

我也忍不住奚落他："人家说你像做实业的已经给你面子了，你像做工程包工头的，或者是开煤矿的，更准确地说，你像做夜场的，娱乐嘛!”

樊不凡眼睛一瞪：“老黄！我看你看起来也不像个好人!”

哈哈，人若看着就能分出好坏，这世界也就没什么意思了。

樊不凡，有意思。人有意思，做的事更有意思。

费勇老师（【读享】）

【读享】，是费勇老师麾下的文化类型订阅号，专门分享有意思的生活态度，体验有意思的生活方式。“人生很短，要和有意思的人在一起，做点有意思的事。”

2016年1月24日，广州天空飘起百年不遇的雪花。

天寒地冻的冬夜，两个中年人坐在广州的大排档，一瓶小酒，几碟小菜，且斟且饮，且吃且聊，周遭霓虹闪烁，人流如织。

20多年前，在广州暨南大学西门口，简易的路边大排档，年轻的老师和年轻的学生，就着一碟炒螺，喝着广东米酒。四周只有学校和田野，只有同样年轻的面孔和笑语声。

时光就像广州的雪花，轻轻一飘，就没有了踪影。费老师说，来瓶广东米酒吧。我看着看起来比我还年轻的他，老老实实地说：喝不动那玩意了费老师。

费勇先生，是我大学时代的老师。

还记得当年费老师讲的一堂课——钱钟书的《谈艺录·论圆》。艺术的境界，有"笔圆""意圆""神圆"之分。当时听得懵懵懂懂，如今人到中年，方知费老师讲的不仅是学问，还有他对人生的理解和未来的实践。

他是学者，精研佛经，笔耕不辍。他写的《不焦虑的活法——金刚经解读》这部书，销量已经超过50万册！长期位列图书热销榜。

他是文化出品人，与陈坤合作的"行走"品牌，覆盖了从杂志发行到线下活动，从线上内容到线下衍生品的诸多领域，已经成为一个知名的文化IP。

他还曾经是文化领域的行政领导，担任广州电视台副台长职务达10年之久。

当然，他还是一个老师，至今担任着中文系博士生导师的教职。

这些标签已经勾画出费老师在文化事业上的圆满轨迹。然而，我万万没想到，在新媒体风起云涌的2015年年初，他毅然辞去领导职务，投身新文化的创业，成立一家文化公司，同时也成为一家格调优雅的书店——唐宁书店的合伙人。

围绕唐宁书店这一实体连锁店，费老师将打造一种新的城市生活方式，目前已初具规模，与星河湾、新世界等高端地产品牌展开了深度合作。

而在新媒体领域，费老师也布局了很多项目，麾下的【读享】订阅号，以清新隽永的风格，获得大量文化人的热爱。他这样的大忙人，却还坚持每周为【读享】写稿。从此意义而言，费老师又是一个新媒体人。

在新媒体领域，很多同行称呼我为老黄，因为比我年龄小的，实在不好找，我也认为我在新媒体中的最大价值，不是那些什么趋势分析得正确的废话，而是身体力行地告诉大家我是如何理解微信公众平台那句著名广告语的：再老的个体，也有自己的品牌。

费老师一脚踏进新媒体领域，我是心里偷着乐的，毕竟在新媒体这条道路上，终于有个老伴儿了，终于可以跟小伙伴们炫耀：你看，我老黄的老师都来了。

当然，费老师要做的事业，不是新媒体领域，而是更广阔的新文化领域。“义贵圆通，辞忌枝碎”，费老师一直专注于文化领域，知行合一地实践过各种角色，才达成今天不焦虑的活法的“神圆”之境。而我，还在“笔圆”的门槛上徘徊，时不时上火着呢。

林少（【十点读书】）

【十点读书】是目前中国最大的文化类自媒体，目前微信有620万粉丝，微博有280万粉丝，电台有80万粉丝。公司旗下还有70万粉丝的【十点电影】、70万粉丝的【她读】、80万粉丝的【十点读书会】等微信公众号，形成强大的新媒体矩阵，总粉丝超过800万。（备注：2015年数据，目前，粉丝已经突破1100万个）。

25年前，还是文学青年的老黄，坐30多小时长途客车颠簸到厦门，再转渡轮上了游客零落、琴音袅袅的鼓浪屿，冒昧拜访舒婷——一个文字美得可以化掉人心、名满天下的女诗人。

偶像没见着，偶像的先生把我引进雅致的老别墅里，请我坐下并上茶，诚恳地致歉，说舒婷出外参加作协会议，让我白

跑一趟了。无知无畏的文学“屌丝”，居然敢留下自己的作品后才抱憾离开。

万万没想到，回去不久竟收到舒婷的回信，具体内容忘了，大致是再一次真诚致歉以及对后辈的谆谆勉励，那两页信纸上写满飘逸娟丽的字体。

大诗人居然对我那些拖泥带水无病呻吟的文字亲笔回信点评，舒婷的先生居然对一个冒昧登门的小屁孩如此和蔼周到，这种真正的文人长辈风骨，多少影响了我——虽然老黄的文字一如既往地糟烂，但如今迈入中年，和年轻人在一起却毫无压力，打成一片。

可以说，老黄与厦门的缘，始于文字。这种缘分，让老黄穿越25年的时间长廊后，又再一次回到厦门——因为【十点读书】和林少。

【十点读书】崛起于厦门，短短有3年间，累积了600多万用户（备注：目前已经突破1100万，为原创类单体最大的公众号），每天400多万阅读数，且还在高速增长中，【十年读书会】也汇聚了80万用户（2015年数据），几千名会员，分布在全国30多个城市，隐隐有了“中国人的心灵读本”的趋势——要知道，被誉为“中国人的心灵读本”的《读者》杂志，巅峰时期的最高发行纪录，也只是月发行950万册。

在厦门的雨夜，穿过滴滴答答的雨珠和熙熙攘攘的海鲜大排档的食客，远远看到林少魁梧的身板端坐在一张小桌旁。让座、寒暄，老黄叫上酒，服务员也不问多少，咔嚓一声上来一排6瓶啤酒（后来在厦门几次喝啤酒，发现这地儿都是一排一箱地上的）。林少不擅长喝酒，也很少喝酒，然而那晚我们就这样喝掉了一排又一排。

第二天是【十点读书会】1周年志庆，来自全国各地的读书会志愿者齐聚厦门。林少高大宽厚的身影一直安静稳重地杵在现场，在一大群快乐而年轻的会员争相发言的声浪中，有如定海神针。

林少是福建龙岩客家人。龙岩是著名的革命老区，客家人敦厚勤奋，历史上出过很多将军和政治人物。在互联网时代，又涌现了美团的王兴、今日头条的张一鸣等一批当代俊杰，他们最显著的创业精神，就是永不止息的勤奋和不动声色的韧性。

“人生如负重致远，不可急躁。视不自由为常事，则不觉不足。心生欲望时，应回顾贫困之时。心怀宽容，则能无事长久。视怒如敌。只知胜而不知败，必自害其身。责人不如责己。不及胜于过之。”

创业之前，林少在一个工业设计的岗位上默默工作了8年。【十年读书】创办3年多，前两年是在兼职的情况下完成工作的，每天更新8篇高质量原创文章，没有周六日、没有节假日，风雨无阻、安静沉稳、负重致远——以上那段著名的德川家训，是林少创业历程的写照，相信也是林少创办的新媒体公司未来发展的企业风骨。

而老黄更希望的是在企业沉稳坚韧的基础上，【十点读书】能贡献出更多温暖人心的文字，汇聚培养更多喜爱阅读的人们，成长为新媒体时代真正的“中国人的心灵读本”，那么，厦门将不仅有舒婷这样的文化标杆，还将有【十点读书】这样的媒体标杆。

再小的个体，也有自己的品牌。诚哉斯言！起于微末的公众号媒体人，只要负重致远、心怀宽容，就能不断创造出【十点读书】这样的案例和标杆。

新焱（【书单】）

【书单】是前《南方记者》陈新受创立的文化公众号，不到两年用户突破百万，并在内容电商中取得不错的成绩。

在文化上，广州是一座奇怪的城市，被视为“文化沙漠”，却有一个闻名全国的“南方大院”，出了一份被誉为20世纪90年代大学生精神食粮的《南方周末》。

老黄曾经是《南方周末》的忠实读者。十来年前，每周四都要在报亭购买一份，收获阅读上的愉悦。如今街口的两个报亭都消失了，回想起来，恍若隔世。

老黄的好朋友陈新焱，就是从“南方大院”走出来的青年才俊，在《南方周末》当了6年的财经记者，尔后于2015年辞职创办原创阅读类公众号【书单】，不到两年的时间，用户突破百万大关。【书单】的文章底蕴浑厚，风格温润，俨如《诗经》所说的“有斐君子，如切如磋，如琢如磨”。这种审美风格，是多年积累，精心磨砺出来的，故而【书单】一直能够保持着文字的稳定与高水准。

文无第一。新焱在文字上的造诣，并不是我最佩服的。我所佩服的是这种审美风格，能够穿越文字，融入用户的生活态度里——【书单】是内容电商中的佼佼者，其电商产品浸润着其文章审美风格：每一件产品都先经过精挑细选，然后经过流程化的试用阶段，再加以文字的打磨优化，最后呈现在用户面前的，与其平日文章的审美水准毫无二致，于是用户在潜移默化中，实现了审美从阅读到生活的转换，认可了产品的价值，进而产生购买行为。我专程到新焱的公司，看到了【书单】后台用户令人咋舌的购买力；我也仔细看过【书单】销售的产品，类型很多，跨度很广，很多并没有新奇之处，但在【书单】的文字表达下，化平凡为神奇，实现了从阅读态度到生活态度的转变。

新焱很年轻，却具有传统文人风采，儒雅亲和，说话不温不火，行止不急不缓，然而在原则问题上却坚如磐石，棱角分明。以老黄的老观点，真正的文人，温润如玉，但执着于一个“理”字，也就是观点的鲜明与洞察，绝不做墙头草；真正的武人，坚强如铁，执着于一个“义”字，也就是责任的担待和坚执，绝不当软骨头。

老黄不文不武，但什么都会一点，什么都不精通，与真正的文人和真正的武人打交道，心里总有点犯嘀咕。不过老黄有老黄的办法，每次和新焱小聚，都会想办法让他喝上几瓶啤酒，然后看着平日不烟不酒的新焱脸上泛出红红的光。此时当我们意见相左时，新焱语气会急促许多、表情会丰富起来，可观点却更加清醒而执着，于是老黄只好自己灌起自己酒来。

“天上九头鸟，地上湖北佬”，新焱对文字和生活的审美要求，温和外表下的那份坚忍执着，既来自他的个人修养修为，大概也源于荆楚大地的灵气凝汇。在公众媒体这一全新的媒体产业里，在内容电商这一全新的商业模式中，也许只有新焱这样对内容和商业的审美有严格要求，又如此坚忍执着的人，才能闯出一条全新的道路来。

老贾（【小小包麻麻】）

【小小包麻麻】，百万量级母婴大号，创始人贾万兴是一名“70后”的程序员，其将内容思维和流量思维合二为一，在母婴电商领域闯出一片新天地。

老贾，北京人氏，大名贾万兴，公众号媒体运营圈子里为数不多的“70后”。每次老黄在圈子里碰到“70后”，总有一种天涯相逢的感觉，一张张老脸上，尽是江湖里的风尘和昨日之沧桑。所幸，在公众号媒体这片热土上，老黄和一干零落的“70后”大叔们重拾战斗的青春，赶飞机、坐高铁，马不停蹄、兵不卸甲，天天忙成狗。

大叔有大叔的优势，经验、人脉和资金总会比年轻人丰富一点，至于眼光嘛，没吃过猪肉，也见过猪跑，有些坑有些弯总会想办法绕过去，有些诱惑有些泡沫总会先闻到不好的味道；大叔也有大叔的烦恼，上有老下有小，时间真心分配不过来，身体嘛，熬夜熬不起，喝酒喝不动，脑子呢，有时候还真跟不上现在小孩子们的语境。

老贾却是一骑绝尘的潇洒，在公众媒体的垂直原创号的母婴类别中，创造了一个原创大号【小小包麻麻】——用户过百万，月营收3000万元。而这份成就，仅仅是老贾在母婴类别中深耕的冰山一角，他同时还投资了一批优质的母婴类原创公众号，购买了一批母婴类媒体内容版权，甚至深入生产链，参与了上游母婴产品的生产和代理。

这就是大叔的优势，专注一点而又具有策略布局。不过仅有大叔的优势是不够的。老贾是程序员出身，曾经是传说中那些神奇而低调的个人站站长。前些年成家生子，本来要深藏功与名的，但微信公众平台的巨大机遇，让老贾聊发少年狂，一个猛子扎进去。老贾令我佩服之处，在于他是互联网人出身，具有天然的流量思维的同时，又深谙微信公众号的运营要点，在内容思维上与时俱进，最终将内容思维和流量思维合二为一，在一个他从未涉足的母婴电商领域中，闯出一片新天地。

老贾不像我印象中的北京人，黑皮肤，初次见面说话不多，四平八稳，然而几次深谈下来，却也是北京侃爷排山倒海的气势，只是句句实在，掷地有声。我一直在和老贾学习做内容电商，而老贾每一次都是知无不言，言无不尽，在公众号媒体青春主题的天空里，两只老鸟颉颃，也是快事一桩。

五月（【魅力上海】）

五月是【临沂】【魅力上海】的创始人，文艺范十足，不仅公众号玩得溜，还涉足五月花店、老瓦书房等线下实业。

五月，是一个人，一个文艺青年。

老黄所见之文艺青年，大多是言语上的巨人，行动上的侏儒，说的是情怀，吃的是稀粥。

五月的文艺范儿，不在言语上，而是落实到行动中。

在山东临沂，五月开了五月花店、老瓦书房，让一座传统朴实的北方城市，增添了青春、文艺的气息。微信公众平台兴起后，五月专注于临沂区域原创号建设，短短 3 年，便已经形成了媒体矩阵，获取了本地最多的用户和流量，成为当地政府和商家的香饽饽。2016年8月，蒙五月之邀，老黄去了趟临沂，参加五月工作室3周年盛典，当地政商两界毕集，全国各地公众号，包括流量号和原创号领域的大咖云集一堂。会场给老黄印象最深的不是排场，不是美食，而是漫天的花海……

仅此是不足以让五月文艺到底的。2016年年初，临沂的雪花还未消融，五月便"越过高山，越过平原，跨过奔腾的黄河长江"，来到魅力之都大上海，短短数月，便将【魅力上海】打造成沪上名列前茅的本地原创公众号。从三线城市到一线城市，从古朴的临沂城到奢华的上海滩，五月来去自如，唯一不变的是他的文艺范儿。

10月，忙碌的文艺青年五月，注册了一个公众号【公号狗五月】，迄今发表的3篇文章，其中《一只公号狗的自言自语》《身为一枚公号狗，你肯定没有性生活吧?》嬉笑怒骂，道尽公众号媒体第一线从业人员的酸甜苦辣，最新的《论公众号小编的专业修养和自我修养》，则是一篇专业而严谨的公众号媒体编辑实用文，体现了五月骨子里真正的实干精神。

我与五月，互动很多，有运营管理思想上的碰撞，有各种业务类型的合作，在各种实务上，五月都是快刀斩乱麻的爽快风格，很多复杂的事情，他都能迅速找到最快捷的解决办法，同时又非常细密周到，在一起时让人非常快意，安心。

五月的脚步太快了，这不，2016 年 11 月，他又跨过了珠江，在广州开启新的事业航程。一年三个台阶，祝福五月，继续保持文艺范儿的精致创新和山东大汉的豪情快意。公众号媒体圈子中有这样一位兄弟，真好！

跋：一切才刚刚开始

在本书写作即将完成之际，企鹅智酷发布了《2016 年中国新媒体趋势报告》。报告从 2015 年的“众媒时代，多媒共生”，谈到 2016 年的“智媒时代，人机共生”：“智媒与众媒，本质上不是替代关系——而是两条相互交互，在今天和未来不断携手前行的趋势和浪潮”。

众媒时代比较好理解，因为它还是以人为主导的；智媒时代，则是人机合一，在未来，机器和各种智能物体本身就可能媒体化，并实现自我的进化——看起来很科幻，很遥远，但实际已经在发生了。

作为一名围棋爱好者，我曾认为在围棋上，机器人要战胜人类还需要漫长的时间。然而 2016 年 3 月，机器人 AlphaGo 4∶1 战胜李世石，可怕的不是结果，而是整个过程尽在机器人的掌握之中。李世石扳回的那一盘，更像是机器人给人类留下的一点面子。

媒体的人工智能化，源于以下两点：（1）今天的数字媒体，已经全流程数据化，这是人工智能的土壤；（2）内容的持续升级，在未来，仅靠人力已经不足以完成。

事实上，媒体人工智能化的变革，正在发生。一是以“今日头条”新闻客户端为代表的机器算法，提升了内容与读者的个性化匹配度，改变了媒体信息分发机制；一是以公众号为代表的，通过内容吸引用户，完成匹配生产、精准推送和社交传播，从而形成了新的内容生产、分发和传播机制。

这个变革产生的惊人结果是，今天用户获取新闻资讯的最主要渠道，63%来自于新闻类网站/客户端；49.4%来自于社交应用，只有22.8%来自于电视，而报纸几乎与广播持平，只有2.2%。

社交应用（自媒体）的发展趋势最为惊人，在19岁以下的用户中，使用社交应用获取新闻资讯的比例为58.5%，超过新闻网站或应用的比例（44.4%）。而这些年轻用户对个性化的内容资讯要求比例最高。3款主流个性化应用的个性化的新闻推荐人均使用时长，在过去一年里增长超过50%；个性化推荐的视频用户高速增长，2016年第三季度比第一季度增长了1436%（数据来源：企鹅智酷）！

作为一名完整经历了传统媒体和互联网媒体20多年发展过程的创业老兵，我从2014年年中开始专注投入公众号媒体产业的创业浪潮里，深刻地感受着媒体产业变革的巨大魅力和挑战。我相信这3年，仅仅是一个开始，未来随着公众号媒体等自媒体蓬勃发展积累的大数据，带来的人机合一的智能写作主体改变，VR/AR 等新技术集群的成熟，带来的媒体内容生产与呈现方式的改变，都会让媒体未来的 10 年、20 年充满乐趣和魅力。《公众号思维》里描述的这一群二十、三十岁年龄段的公众号媒体创业者，是未来 10 年、20 年的媒体创新发展的中流砥柱，他（她）们之中，也一定会涌现出一批具有茁壮生命力的媒体新型企业。

未来的媒体产业，不仅需要组织、创造和生产新的内容的感性能力，同时需要研究、理解和应用新技术的理性能力，文科和理科的界线，在媒体这个产业中将会越来越模糊。即将开始的小程序，是公众号媒体产业从内容变革到技术变革的开始，是众媒时代向智媒时代前进的一小步。

一个新的媒体物种已经诞生，而一场伟大的媒体产业变革，才刚刚开始。

公众号推荐

类别	公众号名称	推荐理由
微信官方	微信派	微信第一手官方活动信息发布
微信官方	微信公开课	微信优秀案例分享
微信官方	微信公众平台	帮你更好地了解微信运营规范
行业	微果酱	专注公众号产业的行业媒体
行业	新榜	跨平台新媒体数据服务商
行业	新媒体大学	公众号商业实战第一课堂
行业	微互动	提供新媒体运营全攻略
行业	浑水自媒体江湖	这里有精彩多样的公众号人物故事
行业	萤火新媒	在这里读懂互联网+生态
行业	Hi 微小宝	帮助用户轻松管理微信公众号
行业	西瓜君	账号诊断、账号估值，一键评估
行业	135 编辑器	一个让排版变得更美的公众号
时事	人民日报	中国最具权威性、最有影响力的公众号媒体

（续表）

类别	公众号名称	推荐理由
科技	科技每日推送	有态度的科技生活媒体
科技	奇偶工作室	原创视频达人
科技	36 氪	提供最新锐、最具深度的商业报道
科技	虎嗅网	有视角的商业资讯交流平台
科技	三表龙门阵	互联网大喷壶，大嘴善喷喷天下可喷之事
汽车	玩车教授	专业的汽车导购，教你如何买车
汽车	有车以后	专业省钱的买车和用车攻略
汽车	改车志	分享国内外改装车案例、资讯、视频
汽车	豪哥说车	掌握全球汽车资讯，欣赏世界顶级豪车
乐活	视觉志	你陪着我的时候，我没羡慕过任何人
乐活	K 董	三位段子手做的漫画公众号
乐活	高质量生活知识	探索和分享生活，让你提高生活质量
文化	十点读书	深夜十点，陪你读书，美好的生活方式
文化	拾文化	文化改变生活，信仰照亮心灵
文化	书单	专职帮你筛选好书，过滤烂书
文化	读享	分享有意思的生活态度
文化	不二大叔	带你进入思考与阅读的世界
财经	财经早餐	提供最新鲜、最全面的财经资讯
财经	政商参阅	解读财经信息，挖掘财富机会

（续表）

类别	公众号名称	推荐理由
创业	创业智库	超100万创业者及投资人关注的科技创业平台
创业	创业最前线	一个值得关注的中国创投新媒体
创业	公关界的007	据说这是最具侦探气质的公关密使
创业	馒头商学院	这里汇集众多大咖，提供最接地气的实战课程
职场	4A广告门	览传媒广告风云变幻，知市场营销气象万千
教育	插坐学院	专注提供系统、实用且有超级性价比的好课程
情感	咪蒙	生活、职场的毒鸡汤教主
情感	小北	用声音和文字治愈每一个孤独患者
情感	我走路带风	一个想和你在床上谈恋爱的公众号
情感	胡辛束	一个人的少女心贩卖馆
时尚	化妆师mk－雷韵祺	韩剧女主仿妆，零基础学化妆，剁手美妆好物
时尚	黎贝卡的异想世界	买买买教主黎贝卡的时尚公众号
时尚	石榴婆报告	好莱坞娱乐八卦，外国明星街拍，应有尽有
潮流	1626潮流精选	分享创意、潮流、玩乐、态度
潮流	潮库	潮流事物，尽在潮库
幽默	papi	吐槽短视频的集结地
幽默	奔波儿灞与灞波儿奔	为娱乐大众而生的公众号

（续表）

类别	公众号名称	推荐理由
幽默	不贱不散	郑重承诺：只发精品，拒绝糟粕
幽默	大呲花	专注东北视频，1000 万东北“老铁”的选择
电影	毒舌电影	坚持原创，只说真话——信毒 Sir，有好戏
娱乐	关爱八卦成长协会	会长马睿的小老婆聚集地
娱乐	任真天	他们是制造快乐的一群人
娱乐	严肃八卦	俗的八卦也可以做得很雅
娱乐	深八影视圈	两个资深媒体人倾力打造的原创八卦号
亲子	小小包麻麻	0 ~ 4 岁育儿知识尽在这里
健康	壹心理	提供最专业、实用的心理学服务和知识
健康	健康圈	懂点健康养生，自己的身体自己做主
健康	家庭医生	《家庭医生》杂志唯一官方订阅号
地域	英国那些事儿	英国发生的最搞最有意思的大小事
地域	微联同城	中国最大的城市自媒体联盟
地域	南宁圈	南宁本土人气最高的微信公众平台
地域	上海头条	他们所做的一切，都是关于上海城市美学的补白
地域	吃喝玩乐 IN 广州	每日推送广州最新鲜热辣的吃喝玩乐信息
地域	魅力上海	记录上海这座城市的喜怒哀乐